新常态下我国经济结构转型升级的战略选择：西部地区典型案例研究

张学刚 郭启光 王薇 著

中国财经出版传媒集团
经济科学出版社
Economic Science Press

图书在版编目（CIP）数据

新常态下我国经济结构转型升级的战略选择：西部地区典型案例研究／张学刚，郭启光，王薇著 . —北京：经济科学出版社，2020.8
ISBN 978 - 7 - 5218 - 1611 - 2

Ⅰ.①新… Ⅱ.①张…②郭…③王… Ⅲ.①区域经济－经济结构－转型经济－案例－西北地区②区域经济－经济结构－转型经济－案例－西南地区 Ⅳ.①F127

中国版本图书馆 CIP 数据核字（2020）第 092356 号

责任编辑：凌　健　杜　鹏
责任校对：杨　海
责任印制：王世伟

新常态下我国经济结构转型升级的
战略选择：西部地区典型案例研究

张学刚　郭启光　王　薇　著
经济科学出版社出版、发行　新华书店经销
社址：北京市海淀区阜成路甲 28 号　邮编：100142
总编部电话：010 - 88191217　发行部电话：010 - 88191522
网址：www.esp.com.cn
电子邮箱：esp@esp.com.cn
天猫网店：经济科学出版社旗舰店
网址：http://jjkxcbs.tmall.com
固安华明印业有限公司印装
710×1000　16 开　11.75 印张　190000 字
2021 年 1 月第 1 版　2021 年 1 月第 1 次印刷
ISBN 978 - 7 - 5218 - 1611 - 2　定价：69.00 元
(图书出现印装问题，本社负责调换。电话：010 - 88191510)
(版权所有　侵权必究　打击盗版　举报热线：010 - 88191661
QQ：2242791300　营销中心电话：010 - 88191537
电子邮箱：dbts@esp.com.cn)

编委会

主　　任：安静赜

副主任：李树林　陶克陶夫

编　　委：（按姓氏笔画排序）

马桂英　马俊林　王晓娟　乌力吉　田瑞华

孙　杰　李玉贵　李　红　张学刚　陈　岩

贾　清　黄　伟

前　言

经济结构变迁的合理性与否，直接关系到一个国家或地区的经济发展是否健康高效、经济社会发展是否全面协调可持续。中国特色社会主义进入新时代，我国西部地区经济发展也进入新时代。新时代，适应把握、引领经济发展新常态是西部地区当前和今后时期推动经济社会发展的大逻辑。新常态下，西部地区经济发展面临的矛盾和问题需求侧和供给侧都有，但矛盾的主要方面在供给侧、结构性。因此，我们必须以习近平新时代中国特色社会主义思想为指导，全面贯彻落实党的十九大精神和党中央决策部署，以新发展理念引领经济高质量发展，以供给侧结构性改革为主线推动经济结构转型升级，扎实推进西部地区经济向形态更高级、分工更优化、结构更合理的高质量发展阶段不断迈进。

本书对新常态下我国西部地区经济结构转型升级展开研究，主要包括以下内容。第一，从整体上介绍本书的选题背景、研究意义、相关领域研究进展、研究方法、研究思路以及课题的基本框架等内容。第二，在借鉴现有研究成果的基础上，全面贯彻习近平总书记关于经济发展新常态以及新常态下我国经济结构转型升级的重要论述，首先对相关概念的内涵进行界定，其次提出本书研究的基本分析框架。第三，基于理论分析框架，按照高质量发展根本要求，构建经济结构转型升级效果评价指标体系。采用熵权法对2012~2017年我国31个省、自治区、直辖市的经济结构转型升级综合水平以及单方面的水平进行实证测度和比较研究，重点对西部地区经济结构转型升级效果进行多维度的评价与分析。

第四,从"资源诅咒"视角探讨西部地区经济结构转型升级进展缓慢和面临困境的影响因素,进而为后续推动经济结构转型升级的思路确定和政策选择提供决策依据。第五,运用态势分析方法(SWOT)的基本原理,全面分析新时代我国西部地区推动经济结构转型升级面临的有利条件和不利因素。第六,从战略构想层面提出新时代我国西部地区加快推动经济结构转型升级的总体思路、基本要求、战略任务。在此基础上,提出西部地区推动经济结构转型升级相关的对策建议。

本书的主要研究结论如下。(1)关于新常态下我国经济结构转型升级的基本分析框架。一是适应把握引领经济发展新常态是新时代我国经济社会发展的大逻辑。二是新常态下要以新发展理念引领经济高质量发展。三是新常态下推动经济高质量发展要以供给侧结构性改革为主线推动经济结构转型升级。四是新常态下以供给侧结构性改革推动经济结构转型升级要全面落实八项重点战略任务。(2)关于我国西部地区经济结构转型升级的效果评价。从全国整体看,近年来我国31个省、自治区、直辖市推动经济结构转型升级都取得了明显成效。从西部地区内部看,虽然各省份推动经济结构转型升级都有实质性进展,但分化现象较为严重。其中,新疆、广西、甘肃、青海、西藏、云南等省份的进程较为缓慢,远落后于全国平均水平。从我国四大板块看,目前形成了"东部率先、中部追赶、东北及西部地区滞后"的空间格局。其中,东部地区整体经济结构转型升级水平最高,中部地区和东北地区经济结构转型升级水平相近。与之相比,西部地区整体经济结构转型升级进程比较缓慢。因此,要从长期大势中认识当前形势,下决心把结构调整过来,把动能转换过来,把质量提升上去。(3)关于西部地区经济结构转型升级的影响因素。实证研究结果表明,样本期内西部各省份"资源诅咒"现象显著存在。从演变趋势看,还存在着"资源诅咒"程度逐年恶化的态势。其中,内蒙古、贵州和陕西等资源大省(区)不仅存在"资源诅咒"现象,而且程度比较严重。(4)关于西部地区推动经济结构转型升级面临的外部环境和内部条件。综合判断,当前和今后,西部地区推动经济结构转型升级虽然面临诸多严峻挑战，但也面临许多重要机遇和有利条件。西部地区面对的各类矛盾和问题是发展阶段转换过程中出现的，具有客观必然性，虽然有周期性因素的影响，但更重要的是结构性、体制性因素的严重制约，我们要高度重视，坚定信心，保持战略定力，抓住主要矛盾，加强统筹协调，形成政策合力，扎实细致工作，采取有针对性的措施加以切实解决。(5) 关于西部地区推动经济结构转型升级的战略构想与对策建议。总体思路方面，要贯彻新发展理念，按照高质量发展的根本要求，以供给侧结构性改革为主线，坚持生态优先、绿色发展为导向，深化市场化改革，扩大高水平开放，聚焦短板和弱项，加快建立经济社会发展与人口资源环境综合协调的空间格局、产业结构、生产方式和生活方式，推动经济结构发生质量变革、效率变革和动力变革，走出一条质量更高、效益更好、结构更优、优势充分释放的发展新路，在新的历史起点上努力开创经济高质量发展的新局面。基本要求方面，要统筹处理好发展和保护的关系、稳增长和调结构的关系、整体推进和重点突破的关系、破除旧动能和培育新动能的关系、各自发展和协同发展的关系。重点任务方面，要把创新驱动作为引领转型升级的第一动力；把优化空间格局作为转型升级的内在要求；把建设美丽西部作为转型升级的优先导向；把发展高层次开放型经济作为转型升级的必由之路；把共同富裕作为转型升级的核心价值追求。对策建议方面，要坚定不移地以生态优化、绿色发展为导向的转型升级之路；统筹人口、经济、资源、环境综合协调，全面优化国土空间开发格局；坚持山水林田湖草生命共同体原则，全面筑牢转型升级的生态安全基础；保持战略定力，切实把转型升级的立足点转向提高质量和效益上来；按照多元发展、多极支撑的思路要求，加快构建产业发展新体系；深化重点领域改革，不断激发转型升级内生动力；发展更高层次开放型经济，不断拓展转型升级新空间。

目 录

第一章 导言 …………………………………………………… (1)

  第一节 问题的提出与研究意义 ………………………………… (1)
    一、问题的提出 ……………………………………………… (1)
    二、研究意义 ………………………………………………… (5)
  第二节 研究的对象和研究方法 ………………………………… (5)
    一、研究的对象 ……………………………………………… (6)
    二、研究方法 ………………………………………………… (7)
  第三节 相关领域的研究述评 …………………………………… (8)
    一、经济发展新常态相关领域的研究述评 ………………… (9)
    二、国外关于经济结构转型升级相关研究述评 …………… (15)
    三、国内关于经济结构转型升级相关研究述评 …………… (16)
    四、研究思路和研究框架 …………………………………… (34)

第二章 新常态下我国经济结构转型升级的分析框架 ………… (36)

  第一节 相关概念探析 …………………………………………… (36)
    一、经济发展新常态 ………………………………………… (36)
    二、经济结构 ………………………………………………… (37)
    三、经济结构转型升级 ……………………………………… (39)

第二节　新常态下我国经济结构转型升级的基本分析框架 …… （40）
　　一、适应、把握、引领经济发展新常态是新时代我国经济
　　　　发展的大逻辑 ……………………………………………（40）
　　二、新常态下要以新发展理念引领经济高质量发展 ……（50）
　　三、新常态下推动经济高质量发展，要以供给侧结构性
　　　　改革为主线推动经济结构转型升级 ……………………（52）
　　四、新常态下以供给侧结构性改革推动经济结构转型
　　　　升级需要完成的重点任务 ………………………………（53）

第三章　我国西部地区经济结构转型升级效果评价 ………（59）

第一节　基于高质量发展要求的经济结构转型升级效果评价
　　　　指标体系构建 ………………………………………………（59）
　　一、评价指标体系构建的说明 …………………………（59）
　　二、评价指标体系构建 …………………………………（60）

第二节　研究方法与数据来源 …………………………………（66）
　　一、研究方法 ……………………………………………（66）
　　二、数据来源 ……………………………………………（68）

第三节　实证结果分析 …………………………………………（68）
　　一、经济结构转型升级效果评价中各子系统测算结果 …（68）
　　二、经济结构转型升级各子系统平均水平与评价 ………（76）
　　三、经济结构转型升级综合水平测算与评价 ……………（81）

第四章　西部地区经济结构转型升级影响因素分析：基于"资源
　　　　诅咒"视角 ………………………………………………（91）

第一节　西部地区经济结构转型升级中的"资源诅咒"制约……（91）
　　一、相关问题概述 ………………………………………（91）
　　二、西部地区的资源禀赋条件 …………………………（94）

三、西部地区经济发展中存在"资源诅咒"的
　　经验证据 ………………………………………………（97）

第二节 "资源诅咒"影响地区经济结构转型升级的理论
　　　　探讨 ……………………………………………………（100）

一、特征事实 ………………………………………………（101）

二、基本设定 ………………………………………………（102）

三、模型求解 ………………………………………………（103）

四、"资源诅咒"的影响分析 ……………………………（105）

第三节 "资源诅咒"影响西部地区经济结构转型升级的
　　　　经验证据 …………………………………………………（107）

一、实证模型 ………………………………………………（107）

二、数据说明 ………………………………………………（109）

三、实证结果分析 …………………………………………（110）

第四节 "资源诅咒"影响西部地区经济结构转型升级的作用
　　　　机制检验 …………………………………………………（113）

一、"资源诅咒"与西部地区创新发展 …………………（114）

二、"资源诅咒"与西部地区制造业发展 ………………（116）

三、"资源诅咒"与西部地区开放发展 …………………（119）

四、"资源诅咒"与西部地区的市场化进程 ……………（121）

第五章　我国西部地区推动经济结构转型升级面临的外部环境与内部条件 ………………………………………………（125）

第一节 国内外发展环境的总体判断 ……………………………（125）

第二节 我国西部地区经济结构转型升级面临的困难和
　　　　挑战 ………………………………………………………（126）

第三节 我国西部地区推动经济结构转型升级面临的机遇
　　　　和有利条件 ………………………………………………（127）

一、国际环境变化带来的机遇 …………………………… (127)

二、国内环境变化带来的机遇 …………………………… (128)

三、内部环境变化带来的机遇 …………………………… (129)

第六章 西部地区推动经济结构转型升级的战略构想与对策建议 ………………………………………………………… (134)

第一节 总体思路 ……………………………………………… (134)

第二节 基本要求 ……………………………………………… (135)

一、发展和保护的关系 …………………………………… (135)

二、稳增长和调结构的关系 ……………………………… (135)

三、整体推进和重点突破的关系 ………………………… (136)

四、破除旧动能和培育新动能的关系 …………………… (136)

五、各自发展和协同发展的关系 ………………………… (137)

第三节 战略任务 ……………………………………………… (137)

一、推动创新发展，把创新驱动作为引领转型升级的第一动力 ………………………………………………… (137)

二、推动协调发展，把优化空间格局作为转型升级的内在要求 ………………………………………………… (138)

三、推动绿色发展，把建设美丽西部作为转型升级的优先导向 ………………………………………………… (139)

四、推动开放发展，把发展高层次开放型经济作为转型升级的必由之路 ………………………………………… (140)

五、推动共享发展，把共同富裕作为转型升级的核心价值追求 ………………………………………………… (142)

第四节 对策建议 ……………………………………………… (143)

一、坚定不移走生态优化、绿色发展为导向的转型升级之路 …………………………………………………… (144)

二、统筹人口、经济、资源、环境综合协调，全面优化
国土空间开发格局 …………………………………（146）

三、坚持山水林田湖草生命共同体原则，全面筑牢转型
升级的生态安全基础 ………………………………（147）

四、保持战略定力，切实把转型升级的立足点转向提高
质量和效益上来 ……………………………………（148）

五、按照多元发展、多极支撑思路要求，加快构建产业
发展新体系 …………………………………………（149）

六、深化重点领域改革，不断激发转型升级内生动力……（150）

七、发展更高层次开放型经济，不断拓展转型升级
新空间 ………………………………………………（151）

参考文献 ……………………………………………………（154）
后记 …………………………………………………………（174）

第一章 导　　言

本部分为导言。从整体上介绍本书的选题背景、研究意义、相关领域研究进展、研究方法、研究思路以及课题的基本框架等内容。

第一节　问题的提出与研究意义

当前，新常态下推动我国经济结构转型升级，是理论界与实际部门都十分关注的热点、重点和难点问题。这里，介绍本书的选题及研究的理论意义和实践价值。

一、问题的提出

改革开放以来，为了摆脱长期贫困的现实，中国一直把经济增长放在政府战略的首要位置，受多方面因素的影响和制约，经济发展方式长期表现出明显的粗放型特征，经济结构不合理问题较为突出。理论上，经济发展目标是一个涵盖经济、社会、资源、环境等多个目标在内的"目标体系"。同时，多个目标的推进与实现并不是孤立的和"单兵推进"的，而是在经济持续、稳定、健康增长前提下，多个目标间的良性互动、整体推进和共同实现。长期以来，粗放型的经济发展方式在带来中国经济"奇迹"的同时，也带来了发展中较为严重的结构性失衡问题。

经济结构变迁的合理性与否，直接关系到一个国家或地区的经济发展是否健康高效、经济社会发展是否全面协调可持续。20世纪90年代中期以来，中国的经济社会结构失衡和发展方式粗放问题越来越突出，已经成为保持国民经济持续健康发展的重大障碍，我们面临的主要战略任务是以经济结构的转型升级推动发展方式的根本转变。当前，我国经济发展的显著特征就是进入新常态。2014年底召开的中央经济工作会议指出，认识新常态，适应新常态，引领新常态，是当前和今后一个时期我国经济发展的大逻辑。新常态是在国内外发展环境变化相互作用中出现的新状态，经济发展有了新的阶段性和结构性特征。一方面，从趋势和规律上看，我国经济在未来将进入高质量发展阶段。这是因为，我国经济仍处于并将长期处于重要战略机遇期，经济长期向好的基本面没有发生改变；我国经济韧性好、潜力足、回旋余地大的基本特质没有发生改变；我国经济持续增长的良好支撑基础和条件没有改变；我国经济结构调整优化的前进态势没有发生改变。另一方面，从现实来看，我国经济能否真正迈入高质量发展阶段取决于能否跨越转方式、优结构、换动力的攻关期。跨越这个攻关期，我国经济增长速度要由高速增长转向中高速增长，经济发展方式要由规模速度型粗放增长转向质量效率型集约增长，经济结构要由增量扩能为主转向调整存量、做优增量并举，经济发展动力要由传统低端要素投入和出口拉动转向创新驱动和国内需求特别是国内居民消费拉动。实现这样广泛而深刻的变化并不容易，是一个新的巨大挑战。这是因为，当前我国经济发展面临的问题，供给和需求两侧虽然都有，但是矛盾的主要方面在供给侧、结构性。总体而言，主要是"三大结构性失衡"导致了"四降一升"。这些结构性问题，不仅制约经济持续健康发展，而且会直接影响"两个一百年"奋斗目标的实现。新常态是一个客观状态，是我国经济发展到今天这个阶段必然会出现的一种状态，是一种内在必然性，我们要因势而谋、因势而动、因势而进。因此，我们必须以习近平新时代中国特色社会主义思想为指导，全面贯彻落实党的十九大精神和党中央决策部署,以新发展理念引领经济高质量发展,以供给侧结构性改革为主线推动经济结构转型升级,扎实推进我国经济向形态更高级、分工更优化、结构更合理的高质量发展阶段不断迈进。

新常态下,以供给侧结构性改革为主线推进经济结构转型升级,需要从不同区域开展典型案例研究。党的十八大以来,在国家西部大开发战略支持下,我国西部地区加快推进基础设施建设、生态环境保护和特色优势产业发展,着力调整经济结构和改善民生,各项主要指标增速多年在东部、西部、东北、中部四大板块中领先。一是经济实力稳步提升。2013~2017年,西部地区生产总值从12.7万亿元增加到17.1万亿元,年均增长8.8%,占全国生产总值的比重从19.8%提高到20.0%。5年间,主要经济指标高于全国平均水平,一些省份经济指标长年位居全国前列;全社会固定资产投资年均增长超过13%,进出口总额年均增长6.4%,占全国的比重分别从23.8%、6.1%提高到26.4%和7.5%[①]。二是基础设施保障能力全面增强。铁路运营里程达5.4万千米,其中,高速铁路达7618千米。兰新铁路第二双线、兰渝铁路、西成高铁等一批重要交通干线相继投入运营。高速公路通车里程突破5万千米;民用运输机场数量达114个,占全国比重近50%[②];西气东输、西电东送等一批具有重要影响的能源工程相继竣工,最后一批无电人口用电问题得到有效解决;新一代信息基础设施建设顺利推进,移动互联网覆盖面不断扩大。三是特色优势产业发展壮大。一批特色产业基地逐步成形,特别是建成了一批国家重要的能源基地、资源深加工基地、装备制造业基地和战略性新兴产业基地,成为国民经济的重要支撑。各地区加快产业结构转型升级,例如,重庆的汽车、电子信息产业,贵州的大数据、大健康、大旅游产业等蓬勃发展。四是生态文明建设成效显著。重点生态地区生

---

① 国家统计局. 区域发展战略成效显著 发展格局呈现新面貌 [EB/OL]. http://www.gov.cn/xinwen/2018-09/14/content_5321859.htm, 2018-09-14.
② 国家发改委. 走活西部发展这盘棋 [EB/OL]. https://news.gmw.cn/2018-08/31/content_30888672.htm, 2018-08-31.

态修复治理加快实施，退耕还林还草、退牧还草、天然林保护等一批重点生态工程稳步推进，在西部地区设立了37个生态文明先行示范区，生态补偿机制初步建立。5年来，西部地区安排新一轮退耕还林还草3865.6万亩，面积累计达到1.26亿亩，森林覆盖率得到进一步提高。五是人民生活水平持续提高。2017年，西部地区城镇和农村居民人均可支配收入分别达到3.1万元和1.1万元，是2013年的1.38倍和1.46倍，年均增长超过10%。农村贫困人口大幅减少，5年来超过3500万贫困人口实现脱贫，目前西部地区贫困发生率全部下降到10%以下①。六是开放型经济水平不断提高。西部地区积极参与和融入"一带一路"建设。中欧班列快速发展，截至目前，西部地区累计开行4579列，占全国开行总列数的47%②。总体而言，西部地区与东部地区发展差距扩大的趋势得到有效遏制，既为决胜全面建成小康社会目标奠定了坚实基础，又大大拓展了国家发展的战略空间。

但是，我们也要清醒地看到，多年来形成的政府战略取向与市场机制关系不顺正在成为制约西部地区结构转型升级的重要瓶颈。一方面，西部传统的"追赶型"和"增长导向型"政府战略替代市场配置资源的现象十分普遍，导致政府"产业保护"和"产业跃进"问题十分突出，这很有可能引发西部地区经济结构的"系统性"失衡，并使经济结构陷入"久调不力""转而不优"的"困局"；另一方面，有些地区虽然依靠市场力量，但政策支持力度不够，这使得具有内生能力和比较优势的产业不能充分发展，无法在地区结构转型升级中发挥应有的作用。目前，西部地区的结构性失衡问题需要引起高度的关注。这集中表现在经济结构不合理、内生增长动力不足的问题仍然存在，抵御经济异常波动、防范系统性经济风险的能力仍然不强，基础设施薄弱、生态环境脆弱的瓶颈制约仍然突出，保障改善民生的任务仍然繁重，促进城乡区域协调发展的任务仍然艰巨。因此，西部地区必须贯彻新理念、顺应新形势、应

---

①② 国家发改委. 走活西部发展这盘棋［EB/OL］. https://news.gmw.cn/2018-08/31/content_30888672.htm, 2018-08-31.

对新挑战、把握新机遇、拓展新空间，深化供给侧结构性改革，努力实现更高质量、更有效率、更加公平、更可持续的发展。

二、研究意义

本书对我国西部这样典型区域的发展而言，具有较强的理论意义和实践价值。理论意义方面，本书有助于从理论上归纳梳理党的十八大以来党中央关于新常态下推动经济结构转型升级的理念要求、实践要求、路径选择、目标任务，能够进一步厘清西部地区推动经济结构转型升级的关键点、着力点和突破口。实践价值方面，一是本书有助于促进西部地区各级地方政府全面认清国内外形势任务新变化，从理念思路战略上摒弃原来推动经济结构转型升级的思维惯性和路径依赖，充分认识新常态下统筹做好"转方式、促改革、调结构、惠民生、防风险、保稳定"等各项工作的重大意义和紧迫性。二是本书可以为西部地区推动经济结构转型升级的思路确定和路径选择，提供方向和引导。本书基于高质量发展要求对西部地区经济结构转型升级效果进行综合评价，同时从多个方面对西部地区经济结构转型升级效果进行比较研究，这可以为西部地区推动经济结构转型升级的思路选择，提供基础和依据。三是本书为西部地区推动经济结构转型升级提供了较为系统的总体思路、基本要求、战略任务和政策选择。这些有利于西部地区在推动经济结构转型升级中把握关键环节，抓住重点领域，着力强化目标和任务。此外，本书提出的相关政策建议还可以为实际部门提供决策参考。

第二节 研究的对象和研究方法

本书既有理论方面的探讨，又有对西部地区的典型案例分析。研究过程中，出于研究的需要，主要采用了系统分析方法、统计分析方法、结构分析方法、计量分析方法、制度分析方法和比较分析方法等研究方法。

一、研究的对象

本书的研究对象是新常态下经济结构转型升级的理论分析及西部地区典型案例研究，主要包括以下两个层面。

（一）新常态下经济结构转型升级的理论研究

对经济发展新常态、经济结构、经济结构转型升级等概念进行界定，以习近平总书记关于新常态下经济结构转型升级的重要论述为指导，构建新常态下经济结构转型升级的基本分析框架，说明新常态下推动经济结构转型升级的重要性和紧迫性。经济结构变迁会影响资源配置关系的重大变化，从而影响区域经济持续健康发展。从理想状态看，经济结构变迁与经济发展之间是一种良性互动关系，但是受主客观等多种因素影响，现实生活中经济结构与经济发展之间往往呈现出一种"扭曲"关系。短期内，通过结构失衡可以带来经济上的繁荣，但长期看这种失衡可能会带来诸如社会不公平、资源严重浪费以及生态环境破坏等灾难性后果。因此，研究新常态下经济结构转型升级的"理想逻辑过程"，具有重大理论意义和现实意义。

（二）西部地区典型案例研究

以西部为典型区域进行案例剖析，分析近年来西部地区基于高质量发展要求的经济结构转型升级效果和趋势；研究近年来西部地区经济结构变迁中质量和效率、基础制度环境、保障和支撑条件、创新能力、协调能力、绿色化能力、开放能力、共享能力的变化趋势和主要特征。通过经济结构变迁中这些核心内容研究，揭示西部地区经济结构变迁的历程、主要特征、各种"结构"之间的内在关联性以及经济结构变迁中存在的突出矛盾和问题。在此基础上，本书尝试提出未来西部地区推动经济结构转型升级的系统性战略构想和相关对策建议，这是一个具有实践应用价值的研究视角。

二、研究方法

根据研究的目标要求，本书拟采用以下主要研究方法。

（一）统计分析法

统计分析是本书研究的基本工具。统计分析主要包括以下两类：一是通过统计指标分析，研究西部地区经济结构的基本变化特征与趋势；二是通过采用区位熵、回归分析等方法，研究西部地区经济结构相互依存、相互影响的数量关系与特征。

（二）系统分析法

经济结构的内涵十分丰富，经济结构转型升级是一项庞大的系统工程，从目前关于经济结构变迁的相关研究文献中可以看到，虽然这些文献都对经济结构的内涵进行阐述，但都存在着一个共性问题，那就是都不能很好地描述其内部的"结构"关系。运用系统分析方法可以较好地解决上述问题。

（三）计量分析法

随着计量技术的不断发展，计量模型正在不断地应用于经济发展中各种结构分析。计量经济模型是表征经济现象及其主要因素之间数量关系的方程式，本书在西部地区经济转型升级效果综合评价和西部地区是否存在"资源诅咒"现象中运用了上述计量分析方法，试图探讨西部地区经济结构失衡的影响因素。

(四) 制度分析法

在结构分析中运用制度分析法,这对于实施政府赶超战略的西部地区来说,具有重大意义。从经验判断看,近年来西部地区实现的快速发展,很大程度上得益于政府的赶超战略。与此同时,西部地区经济结构的失衡,也很大程度来自各级政府的产业保护和产业跃进。为此,本书在对西部地区经济结构失衡进行总体原因分析时,采用制度分析方法,这既有利于我们看清楚西部地区近年来经济结构失衡的症结所在,又能够说明加快行政体制改革、深化经济体制改革、处理好政府与市场关系的紧迫性和重大意义。

(五) 比较分析法

比较分析法可以理解为根据一定的标准,对两个或两个以上有联系的事物进行考察,寻找其异同,探求普遍规律与特殊规律的方法。本书主要采用横向比较方法和纵向比较方法。其中,横向比较主要是对31个省、自治区、直辖市之间以及西部12个省、自治区、直辖市之间基于高质量发展要求的经济结构转型升级效果进行比较研究,这样可以对西部地区推动经济结构转型升级取得的成效及面临的问题有一个空间维度上的总体把握。纵向比较主要是对党的十八以来西部地区在不同时期推动经济结构转型升级方面取得的成效及面临的问题有一个时间维度上的总体把握。只有这样,才能比较全面地把握西部地区经济结构转型升级的现状、变化趋势以及面临的突出问题和制约因素。

第三节 相关领域的研究述评

按照本书研究需要,这里主要从经济发展新常态和经济结构转型升级两个领域的研究情况进行综述与评价。

一、经济发展新常态相关领域的研究述评

习近平总书记在 2014 年底召开的中央经济工作会议上指出:"认识新常态,适应新常态,引领新常态,是当前和今后一个时期我国经济发展的大逻辑。"由于我国经济发展新常态有其特定的科学内涵,因此,这里仅从提出背景、重大意义、阶段性特征、策略选择四个方面进行文献述评。

(一) 关于经济发展新常态提出的背景

王一鸣(2015)指出,我国经济发展进入新常态是国际周期性因素和国内结构性因素相互作用的结果。张占斌(2015)认为,中国经济新常态是在深入分析当前国内外宏观经济新形势和深刻揭示中国经济潜在增长率新变化基础上,对我国经济社会发展新趋势的一种战略判断。逄锦聚(2016)认为,中国经济发展进入新常态实际上是我国人民日益增长的物质文化需要同落后的社会生产之间矛盾表现的阶段性特征。吴汉全(2018)认为,经济新常态这个范畴有着独特的演进轨迹,既是基于对中国经济发展形势的具体分析,同时又是对中国经济发展特征的总体抽象。

(二) 关于经济发展新常态提出的重大意义

理论意义方面,宋湛和刘培林(2015)认为,经济新常态的概念和框架,丰富了发展经济学理论,把经济发展的阶段论提高到一个新的水平。吴汉全(2018)认为,"经济新常态"是习近平新时代中国特色社会主义经济思想体系中的关键范畴,并成为中国特色社会主义政治经济学体系的重要单元、基本要素。方凤玲和白暴力(2018)认为,经济发展新常态的一系列思想是对马克思主义经济周期理论、经济增长要素理论、经济发展方式理论、供求关系理论、市场配置资源理论和宏观运行

理论的丰富与发展，是中国特色社会主义政治经济学的重大创新。现实意义方面，顾海良（2014）指出，新常态是为了实现我国社会生产力水平总体跃升，是对中国经济发展总体方式和方法的战略思维规划和顶层设计。杨亮（2015）认为，新常态是我国制定发展战略和政策的重要依据。王明泉和谭洪亮（2015）认为，新常态是中国梦的进一步展开和具体化，是当前和今后各项工作必须努力适应的新的历史格局，而不是一个简单的符号标签。郭林涛（2015）指出，经济发展新常态的提出为完善和发展中国特色社会主义经济体系指明了新出路。

（三）关于新常态下我国经济发展的特征变化

宏观层面，马光远（2014）认为，新常态下经济增速正式告别快速增长，宏观政策告别原来的调控和刺激，经济增长动力中创新成为关键因素，经济结构开始"避重就轻"，增长模式告别货币推动型。胡滨（2014）认为，新常态下我国经济增长"三大基础要素"都发生了明显变化。同时，经济发展已经进入"三期叠加"的状态。黄群慧（2014）认为，从工业增长速度变化、工业需求侧变化、工业产业结构和区域结构变化以及工业企业微观主体表现分析，中国工业经济正在走向一个速度趋缓、结构趋优的"新常态"。刘世锦（2014）认为，经济增长进入新常态表明中国经济结构已经或正在发生着具有中长期意义的转折性变化。吴敬琏（2015）认为，经济发展新常态有两个特征：一个是国内生产总值从高速增长向中高速增长甚至中速增长转换；另一个是增长方式从靠投资驱动的粗放增长转向靠技术进步和效率提高驱动的集约增长。秦天程（2015）认为，经济发展新常态是一个客观经济运行和政策主动调整叠加的结果，是一个多重均衡之中的不稳定均衡状态，是宏观经济波动和不确定性有所上升的状态。蔡昉（2016）认为，经济发展新常态是中国经济向更高发展水平跃升的必经阶段，新常态下的中高速增长有利于向更高发展水平跃升。

区域层面，陈耀（2014）认为，新常态下经济增长速度虽然"换挡",但不同区域有别;经济增长模式虽然"转型",但比较优势有别;经济增长动力虽然"改变",但能量等级有别。宋立(2015)认为,经济发展新常态是未来我国经济发展的阶段,从城镇化新阶段看就是消费者的城镇化。张可云(2015)认为,资源丰富、城镇化潜力巨大的中西部地区将成为我国区域发展新引擎,这是中国区域经济发展的新常态。刘英奎(2015)认为,经济发展新常态下我国区域经济发展将呈现区域协同发展新格局、区域平衡发展新趋势、对外开放新路径和经济发展新的增长点等特点。孙久文(2015)认为,我国区域经济发展在历经区域总体战略后,新的时期将继续在新常态下实现区域发展格局的新均衡。王一鸣(2016)认为,新常态下东部地区转型升级虽然取得进展但压力较大,中西部地区面临"赶"与"转"双重压力,经济增长南北分化态势趋于明显。张海纳(2018)认为,新常态下我国区域发展不平衡的原因主要集中在发展基础不同、人才优势有较大差异、科技创新能力差距大等方面。张可云(2018)认为,掌握新时代中国发展的趋势需要将时间特征与空间特征结合起来。从国内空间格局看,新时代的空间特征突出表现为中国区域经济新常态。盛垒和权衡(2018)认为,新常态下我国区域经济出现加速分化的态势,地区经济超越传统区域板块呈多维分化状态,体现在东中西部和东北四大区域板块之间,也体现在各大区域板块内部,还打破了四大板块的限制,呈现出南北差异的特点。

(四)关于新常态下我国经济发展的策略选择

发展理念方面,张开、顾梦佳、崔晓雪等(2016)认为,经济发展新常态、全面建成小康社会与五大发展新理念三者间是起点、目标与手段的逻辑关系,因此,要用新发展理念来引领经济发展新常态。刘锋(2016)认为,牢固树立新发展理念是破解我国经济发展新常态下"中国式"难题的战略选择,也是当前全面深化改革、推动我国经济社会发展的现实路径。李家祥和杨嘉懿(2017)认为,五大发展理念引领经济发展新常态有着时代需要,这是顺应我国发展环境、条件、任务、要求等方面新变化的需要。发展思路方面，张晖（2014）认为，新常态下实现区域科学发展要以顶层设计激发区域经济增长活力，引导企业提升研发能力，以科技创新为区域经济增长提供动力，在城镇化战略实施中重点培育区域性城市群，打造区域经济发展新引擎。金碚（2015）认为，新常态下各地区经济发展必须向资源要素、产业技术、地区文化和地缘格局的深度层面进行战略空间拓展。刘世锦（2015）认为，新常态下需要质量导向的发展目标。张晓晶（2015）认为，新常态下的宏观调控要突出供给思维，应对潜在增速下滑；明确"上限""下限"和"底线"，完善区间调控；理解经济异质性与增长非均衡，重视结构性调控；"牵手"战略规划与财政货币政策，拓宽宏观调控视野；确立调控新"指挥棒"，重启地方竞争；考量利益博弈，把握宏观调控政治经济学；关注大国溢出效应，践行负责任的宏观政策；尊重市场"决定论"，宏观调控不能包打天下；推进"机制化"建设，构筑宏观调控基本遵循体系。郭克莎和汪红驹（2015）认为，新常态下宏观调控的思路要转为稳定经济增速、防控通货紧缩、防范资产泡沫、促进转型升级和激发市场活力。王一鸣（2016）认为，新常态下面对经济下行压力，工作重心要从需求侧转向供给侧；面对结构调整阵痛，工作重心要从"铺摊子"转向"上台阶"；面对发展动力转换，工作重心须从要素驱动转向创新驱动。蔡昉（2016）认为，与世界呈现的"新平庸"不同，中国经济增长仍然具有巨大潜力，可以通过供给侧结构性改革实现中高速增长。蔡昉（2016）还认为，新常态下要放弃经济周期分析框架以及从需求侧寻找政策手段的思路，转而从供给侧那些导致潜在增长率下降的因素着眼，从妨碍生产要素供给和全要素生产率提高的体制性障碍入手，通过结构性改革挖掘新的增长动能，提高潜在增长率，这是保持中国经济增长可持续性的关键。李伟（2016）认为，新常态下供给侧结构性改革具有极为重要的意义，推动供给侧结构性改革需要实现宏观调控方式的转变。中央党校省部级干部进修班课题组（2017）认为，处理好政府与市场的关系是认识适应引领经济发展新常态的核心和关键。包清临（2017）认为，新常态下破解传统路径依赖需要深化经济体制改革、突破利益集团束缚、实施创新驱动和树立科学发展理念。王苏生、胡王江和付波航（2017）认为，新常态下空间格局新变化重塑中国经济地理，区域协调发展是新常态下的内在要求，通过区域合作建立区域间协调互动机制，是解决中国区域发展中多元结构不平衡问题、实现区域协调发展的重要途径。发展动力方面，张春兰（2014）提出，新常态下经济增长动力的转换需要结构创新、体制机制创新和改革的引擎支撑。方竹兰（2014）认为，新常态下我国区域发展的动力应该来源于多维度的创新。刘世锦（2015）认为，新常态下提高生产率是重中之重，而且生产率的提高主要应该来自部门内部。陈雨露（2015）认为，中国经济进入"新常态"后要聚焦人口、能源、金融三大领域。李伟（2015）认为，适应引领新常态，需要加快培育经济增长新动力，必须把创新作为形成新增长动力的根本途径。林毅夫（2015）认为，新常态下有效的市场和有为的政府共同发挥作用，才能构建起经济持续发展的基本机制。蔡昉（2015）认为，新常态下要想实现中高速发展必须要以改革来应对结构性挑战。李伟（2016）认为，适应新常态需要新思路和新方式，需要激活经济中的巨大潜力，积极培育发展新动力，在新的开放条件下适应和引领新常态。韩其恒、李俊青和刘鹏飞（2016）认为，新常态下短期增长的动力主要基于要素重新配置，其中金融约束是主要因素；长期增长动力主要基于国家基础能力的发展，其中制度质量是核心和关键。孙林（2016）从西部经济崛起、新一轮市场化改革、新型城镇化建设、创新驱动、结构优化、贫富差距缩小、大国经济特征和优势等维度分析了中国经济未来增长的潜力和动力因素。高波（2016）认为，在新常态下激发和培育中国经济增长动力，关键靠需求侧宏观管理、供给侧结构性改革和科技创新的综合发力。沈玲（2016）认为，新常态下经济增长动力将由投资、出口带动转向消费、创新带动，而创新驱动是经济增长动力合理转换的关键。马笑天和兰伟（2017）认为，利用投资带动需求是我国刺激经济增长的短期有效手段，要保持经济长期稳定较快增长，提高全要素生产率才是关键所在。杜静（2017）认为，新常态下促进区域经济可持续发展，必须不断培育新的发展动力，发挥区域核心优势，最终形成联动发展的基本格局。任保平和张蓓（2018）认为，新常态不仅是速度状态，更是经济全面发展的新状态。这一阶段坚持创新发展，是引领新常态的根本之策。王婷和郑丽珠（2018）认为，新常态下实现动力转换要完善市场经济体制、深化创新体制改革、创新投融资机制、健全激励机制。发展路径方面，刘英基、杜传忠和刘忠京（2015）认为，新常态下推动产业转型升级要着力克服体制机制瓶颈，为产业转型升级提供强有力的制度保障；推进全方位创新，打造产业转型升级的强力引擎；强化新常态下经济发展的产业支撑，构建与新产业革命发展趋向相符合、国际竞争力较强的产业体系；着力扩大需求，增强产业转型升级的拉动力；强化新兴经济体自身的需求系统动力，在通过保持投资适度增长推动产业发展的同时，坚持扩大开放与扩大国内消费需求相结合的原则，形成国内消费、投资、出口协调拉动产业可持续发展的格局。黄志钢和刘霞辉（2015）认为，"新常态"下我国增长路径选择仍须回到资本投入型，但绝非重蹈覆辙，而是要走出一条我们称之为效率资本投入型的增长路径。任保平和周志龙（2015）认为，新常态背景下要以工业化的逻辑开发我国经济增长潜力的路径，重点是将传统产业的改造和新兴产业的发展有机结合，振兴装备制造业、改造传统产业、发展现代制造服务业。张秀生和王鹏（2015）认为，要以产业结构优化引领经济发展新常态。饶龙先（2016）认为，供给侧结构性改革是顺应和带动经济发展新常态的巨大革新和必要举措。高波（2016）认为，新常态下要坚定走市场化改革之路，实现市场与政府功能互补；坚定走"四化同步"发展之路，提高经济增长的质量和效益；坚定走区域协调发展之路，构筑区域经济协作共赢的新格局；坚定走开放发展之路，引领全球化发展的新趋势；坚定走绿色发展之路，增强经济增长的包容性和可持续性。田利涛（2018）认为，新常态下需要从供给端发力转变经济发展方式。王婷和郑丽珠（2018）认为，新常态下要深化体制机制改革、加快实施创新驱动、加快产业结构升级、推动资本市场高质量发展、提高对外开放水平。黄霄（2019）认为，新常态下提高中国经济增长质量要创新经济增长方式、推动区域协调发展、坚持绿色发展、增强对外开放和实现包容性增长。

二、国外关于经济结构转型升级相关研究述评

第二次世界大战以后，"结构主义"出于落后国家或地区工业化的道路选择，开始对经济体的结构问题展开研究。研究主线主要是围绕政府与市场的关系开展，大致可以分为三个阶段。

（一）强调市场失灵、主张政府干预的"旧结构主义"

罗森斯坦—罗丹（Rosenstein - Rodan，1943）开创了发展经济学的先河。他的"结构思想"认为，发展中国家实现经济良性循环的关键在于企业规模和市场容量之间的良性互动，这需要发展中国家尽可能地采用现代生产方式，否则经济发展将会停滞不前。张培刚（1949）的农业国工业化理论、刘易斯（Lewis，1954）的城乡二元结构理论、纳克斯（Nurkse，1953）的"贫困的恶性循环"理论、佩罗（F. Perroux，1950）的增长极理论、缪尔达（Myrdal，1957）的地理二元结构理论、赫希曼（Hirschman，1958）的"不平衡增长"理论等，都高度重视经济结构变迁在经济增长（发展）中的重要作用。20 世纪 60 年代后，以库兹涅茨（Kuznets）和钱纳里（Chenery）为代表的经济学家开始关注结构变迁与经济增长（发展）关系的研究。库兹涅茨（1957、1967、1970、1972）运用相关统计资料，从经济结构视角分析了世界各国现代经济增长的典型特征。钱纳里、鲁宾逊（Robinson）和塞尔奎因（Syrquin）等通过对许多国家经济增长与发展情况的统计与历史分析，指出经济结构状况及其变动对一国经济增长模式会带来重要影响，经济结构因素是影响经济增长模式转变的"慢变量"。因此，"旧结构主义"的发展战略和政策建议都强调政府在资源配置中要发挥决定性作用，通过政府主导完成工业

化任务。但是，这些理论指导下的发展实践并没有取得成功，出现了大量的失败案例。

（二）基于政府失灵、强调"华盛顿共识"的新自由主义

随着早期结构主义实践在发展中国家和地区的大量失败，自由市场思想开始主导发展经济学。这一时期，主流的观点都认为，政府干预会造成市场上的资源配置和价格扭曲，政府对某些产业或部门的过度保护还会造成经济主体缺乏有效的激励和约束机制，因而政府干预活动一定会失败。因此，以"华盛顿共识"为核心的新自由主义政策取向要求积极推行自由化、私有化和全球化。但是，新自由主义思想的实践，既没有创造出很好的经济发展绩效，也充满了争议（Easterly, Loayza & Montiel, 1997; Easterly, 2001）。这一时期，发展经济学中的结构研究开始出现"衰退"现象。

（三）新古典框架下的"新结构主义"

20世纪80年代中期开始，"新结构主义"开始探索结构主义与新自由主义的结合，试图在处理市场与政府关系方面，寻找"第三条道路"。这一时期，形成了很多有代表性的研究成果，例如，林毅夫的"新结构主义经济学"。经验分析方面，20世纪60年代后，以库兹涅茨、钱纳里、鲁宾逊和塞尔奎因等为代表的学者，开始关注结构变迁与经济增长（发展）关系的实证研究。经验分析表明，经济结构状况及其变动对一国或地区的经济发展会带来重要影响。近年来，随着新结构主义理论的发展，经验分析中许多学者都试图在新古典框架下提出结构变迁与经济发展关系的分析框架或理论模型，研究经济结构的决定因素和动态发展过程。

三、国内关于经济结构转型升级相关研究述评

经济结构是一个由多维"结构"构成并具有内在必然联系的"综合

体"。出于本书需要,这里主要从理论研究、实证研究、路径研究三个方面,对党的十八大以来国内重要的研究文献进行综述与评价。

(一)理论研究

目前,理论研究主要集中在总体研究、"单结构"研究和"多结构"之间关系研究三个领域。

1. 总体研究。

学者们分别从西方经济学和马克思主义政治经济学两种视角展开研究。王颂吉和白永秀(2013)从"二元经济"视角认为,在"以经济增长为中心"的发展战略及其相关制度安排下,我国地方政府主导型的要素配置存在明显的"非农偏向",这是导致我国城乡二元经济结构转化滞后的重要原因。刘茜(2014)在主要资本主义国家贸易状态历史事实的基础上概括出了工业化市场国家必然显现出的两个基本特征:一是对投资从而对高储蓄率的依赖;二是对外需的依赖。基础数据和计量分析的结果支持这些结论。这一理论对认识美英持续的贸易逆差和日本、德国与中国持续的贸易顺差提供了一个内部经济结构的解释,对中国经济发展和对外贸易也具有政策意义。唐文强和严明义(2014)认为,改革中推动经济增长的潜在需求会受到经济结构的多重约束,对经济结构的主动调整要考虑经济体制改革和市场化周期两者间的相互影响,这在多维结构发生整体性转变或局部突破时对经济增长的影响程度上存在显著差异。原因在于主动调控会改变产出结构弹性,并直接作用于经济的内部传导机制进而引起阶段性的经济波动。常修泽(2015)认为,结构性矛盾是中国经济内部的深层次矛盾。其根源之一在于经济领域没有完全摆脱"物本位"和更深层次的"官本位"的影响。潘珊、龚六堂和李尚骜(2016)运用新古典主义原理构建了包含两个产业、三个部门的动态增长模型,描述了中国经济由农业部门向非农部门、由国有部门向非国有部门的"双重"结构转型过程,并且探讨了各部门之间的非平衡增长情况。谢恺(2017)探讨了实体经济和虚拟经济之间的关系,认为虚拟经济以实体经济为基础，对实体经济有积极的促进作用，但虚拟经济过度膨胀会对实体经济产生不利影响。段艳芳（2017）认为，中国供给侧结构性改革的理论渊源不能简单归于萨伊定律与供给学派，它与长期以来经济结构变迁相联系，是特定历史条件下的特定产物，与古典经济学、马克思主义经济学、新古典经济学及凯恩斯主义经济学，甚至现代经济学的发展演变都是分不开的。林毅夫（2013、2017）从新古典主义出发创立了新结构经济学，用新结构经济学的理论方法阐述了经济发展的本质和结构变迁的四个驱动力，并认为经济发展需要"有效市场"和"有为政府"之间的共同作用。谢春玲和费利群（2017）认为，我国供给侧结构性问题在很大程度上是长期失衡的需求结构导致的。其中，不合理的收入分配制度、错位的政府职能等是重要因素。王艺明和刘一鸣（2018）构建了两大部类增长模型，推导出两大部类社会总产品或国民收入的增长公式。王雪（2019）认为，社会经济结构有四种联结方式和三个基本层次。

2. "单结构"研究。

一是要素结构研究。傅晓霞和吴利学（2013）认为，技术差距是国家间经济发展差异和赶超过程的关键；后发国家技术创新路线会对研发行为和投入结构产生决定性影响；由于研发收益与发展水平相关，因此，技术进步率会呈现先低后高再平稳回落的态势。邓明（2014）认为，在均衡状态，老年人口抚养比例的提高将导致技术进步偏向于劳动力。林志帆和龙晓旋（2015）认为，在较低技术水平上，当技术进步的来源以低风险的吸收模仿为主时，银行贷款是适宜的融资渠道；在较高技术水平上，由于研发创新的风险收益特征与银行的偏好不相匹配，此时金融市场融资则更为合适。在经济发展的阶梯上，偏向银行的金融结构对技术进步的影响应当是逐渐由正转负的，实现持续的技术进步有赖于金融结构适时地实现从"银行主导"到"市场主导"的转变。蔡昉（2016）从劳动力转移速度、人力资本改善速度、投资率和创造性破坏四个方面，探讨了我国全要素生产率增长减速的原因。黄玖立和范皓然（2016）认为，金融市场是否能按照市场盈利机会配置投资会决定资本配置效率的高低，这是地区经济发展和对外贸易比较优势的重要来源。张小瑛和张俊山（2018）认为，信息技术革命改变了生产力体系以及生产生活方式和生产关系，这对国民经济结构体系产生了根本性影响；我国经济正处在由原有技术基础向新技术基础进行转型的过渡阶段。程婉静、武康平和田亚峻（2019）认为，长期的经济增长与波动同技术进步、人口总量与年龄结构等密切相关。

二是产业结构研究。魏杰（2015）认为，新常态下服务业、战略性新兴产业和现代制造业亟须升级和培育；产业结构调整可能会造成企业经营困难甚至破产，产业结构调整的成本应由政府承担主要部分。程忠和黄少安（2016）认为，产业结构趋同虽然有负面效应，但产业结构趋同在一定限度内是合理的、必然的。卢江和杨光（2017）认为，马克思主义政治经济学中的平均利润率理论、两大部类平衡生产理论、货币回流规律理论和资本积累理论等对推动产业结构升级具有重要指导意义。杨枝茂（2018）认为，战略新兴产业同传统产业具有密切关联，后者为前者提供基础保障，前者为后者带来巨大牵动性影响。张永安、张彦军和马昱（2019）认为，在经济发展水平由低向高变化的动态过程中，产业结构具有显著的促进作用且呈边际效应递减规律。

三是需求结构研究。王丽娟和朱奎（2012）通过研究马克思主义经济增长模型认为，总需求不仅与短期经济增长有关，而且也影响着经济的长期增长。白暴力和白瑞雪（2013）认为，市场经济是需求约束性经济，社会总需求决定着社会经济运行状况。严丹和孙力军（2017）认为，中国投资具有政策性、外生性、周期性的特点；投资在通过金融部门融资的情况下，通过费雪方程式效应和金融资产价值重估效应，对消费产生影响。瞿亦玮和张瑛（2018）认为，随着经济发展水平提高，各经济体需求结构不断升级，表现为从生存型需求主导向发展型需求主导转变；中等收入经济体的需求结构与后发成功追赶型经济体呈现趋同态势。

四是收入分配结构研究。原鹏飞和冯蕾（2014）的模拟结果显示，我国房价上涨将推动政府、企业和居民三部门的收入增长，但不改变部门收入分配向政府倾斜的现状；房价上涨会加剧城镇居民家庭之间的收入分化，房产溢价的利益固化已成为近年来贫富差距恶化的主要原因。林岗（2015）认为，国有企业的高收入是分配差距拉大根源的说法是没有根据的。相反，以国有企业为主体的公有制经济是我国社会经济中抑制收入差距过分拉大的重要因素。蔡萌和岳希明（2016）在对马克思资本积累理论、库兹涅茨倒"U"型假说和皮凯蒂（Piketty，2014）《21世纪资本论》进行比较研究后认为，马克思和库兹涅茨都对收入分配的长期变化提出了规律性、趋势性预测，但皮凯蒂不认可两者的判断。这是因为，收入不平等的变化过程并没有确定路径，但一个国家采取的政治制度和政策措施可以在其中起主导性作用。洪银兴（2017）认为，40年中两个时代的收入分配体制改革是一个整体，体现公平与效率的兼顾和统一，是邓小平理论和习近平新时代中国特色社会主义思想的伟大实践。韩文龙和谢璐（2018）认为，马克思的收入分配理论建立在历史唯物主义和科学的劳动价值论、剩余价值论基础之上，具有科学性和生命力，因而理所当然地成为我国分配制度改革的理论基础。

五是所有制结构研究。殷军、皮建才和杨德才（2016）认为，国有企业实现混合所有制经营，一定程度上抑制了国有企业的产量冲动，给私有企业腾出了更大的发展空间。从短期来看，这将鼓励私有企业做大做强；从长期来看，这将吸引更多的私有企业进入市场，有助于市场结构的优化。李中义和李月（2016）认为，混合所有制经济在微观上是一种资本组织形式，并不是一种所有制形式，发展混合所有制经济的目的是发展生产力，发展混合所有制经济的意义在于实现公有制经济和非公有制经济相互取长补短、相互促进、共同发展。张冰石、马忠和夏子航（2017）认为，国有企业混合所有制改革的基本前提是开放国有企业非公资本准入，实施混合所有制改革的融合基础是实现国有资本与非公资本的优势互补，混合所有制改革的利益保障是明晰国有资本与非公资本的产权关系，实施混合所有制改革的结构支撑是重塑国有资本管理体系，实施混合所有制改革的制度保障是完善多层级公司治理结构与机制。付强（2018）基于所有制结构视角认为，我国渐进式改革和两步式分权导致上游国有垄断和横向权力垄断嵌入下游总体的竞争环境之中，从而形成了一种既非完全垄断又非完全竞争的混合型经济结构。洪功翔、顾青青和董梅生（2018）认为，国有经济与民营经济共生模式根据行为方式不同可分为寄生、偏利共生和互惠共生。其中，互惠共生又分为非对称性互惠共生和对称性互惠共生，是共生的主要行为形态。

六是空间结构研究。王元亮（2014）认为，城乡一体要建立共生理念，共生作为自然界生物互利和共同进化的规律，在城乡一体化上具有很强的适用性。张可云（2015）认为，任何一个国家或区域在特定发展阶段都会表现出不同的特征，与过去的特征相比，目前的特征便是所谓的新常态。最近中国区域发展格局所呈现的新特征是中国目前所处发展阶段不可避免的，无论是从理论的角度还是从最近区域经济格局演变轨迹的角度来看，中西部地区会成长为未来中国发展的中坚力量，这是中国区域经济的新常态。赵东明和白雪秋（2015）认为，城乡分离是生产力发展的必然结果；城乡分离的根源是生产力有所发展但又发展不足；城乡关系的发展趋势是走向融合。张永恒和郝寿义（2016）认为，区位或者区域的本质就是附着在一定空间或场所的所有生产要素的组合。这种组合不仅包含实体的要素，还包括附着在各种要素上的各种虚拟的"场"以及各种要素之间的关系组合。刘慧和程艺（2018）认为，"一带一路"背景下政策沟通为沿边地区发展创造了良好的地缘环境；设施联通改善了沿边地区的区位条件；贸易畅通加快了沿边地区产业集聚；民心相通提升了沿边地区发展活力。陈明星（2018）认为，与城乡统筹更侧重强调政府调控手段的"统"所不同的是，城乡融合更侧重强调发挥市场机制在资源要素配置中的决定性作用，通过城乡要素重组、产业重构、空间协同的"融"，激发农业农村自主发展动力和内生发展能力，以实现更高质量、更可持续的乡村振兴。钟茂初（2018）认为，区域协调发展要考虑生态环境保护、生态环境损害、生态环境治理这三类问题。维持区域生态环境的可持续性必须遵循生态环境承载力约束，以公平性原则来协调区域生态环境的利益关系。因此，必须建立区域生态—经济合作机制。

3."多结构"之间关系研究。

在要素结构与产业结构关系方面，张银银和邓玲（2013）认为，不同的产业其创新的类型、来源、特征等存在较大差异。其中，新兴产业的技术一般是"通用性技术"，具有极强渗透性，能够促进制造业的低技术行业和服务业发生技术革新和生产方式变革。王勋（2013）认为，经济资源会随着经济增长从工业部门不断流入服务业部门，导致服务业比重不断上升。但是，政府的金融抑制会通过抑制服务业，保护和促进工业部门的发展，从而造成服务业占比偏低，导致国内产业结构失衡。徐伟呈和范爱军（2018）认为，互联网技术进步能够驱动中国产业结构趋于高度化，但不利于产业结构合理化。在要素结构与需求结构关系方面，李育和刘凯（2018）利用国家统计局公布的历年资金流量表数据，通过协整分析和误差修正模型，考察了要素报酬与总需求的长期均衡关系。白萍和伊成山（2019）认为，互联网技术的发展为居民消费升级带来了新的契机，成为新时代居民消费升级的主要内生动力。在要素结构与收入分配结构关系方面，周云波、田柳和陈岑（2017）认为，行业间的技术差距对行业间收入差距的作用可分解为正向的"直接效应"和负向的"间接效应"，两种效应的综合结果取决于行业间的替代弹性。在经济发展过程中，受技术创新和技术溢出的影响，行业间的技术差距将经历一个先增大后缩小的倒"U"型变化过程，因此，受技术水平制约的各行业的工资差距也将服从先扩大后缩小的倒"U"型或先缩小后扩大的正"U"型演化路径。在收入分配结构与需求结构关系方面，柳欣、赵雷和吕元祥（2012）基于收入流量—资本存量均衡视角认为，收入分配差距拉大和需求结构失衡之间存在循环累积机制，集中表现为有效需求不足。李育和刘凯（2018）认为，消费方面，由于工资收入的边际消费倾向高于利润收入，因而劳动收入比重提高对消费将产生扩张效应；

投资方面，劳动收入比重提高意味着资本报酬相对下降，因而对投资将产生抑制效应；最后，劳动收入比重提高会通过降低出口产品竞争力和提高国内价格水平进而减少净出口。总之，劳动收入比重提高对总需求的净效应，取决于其对消费的正效应和对投资和净出口的负效应影响的相对大小。在产业结构与收入分配结构关系方面，常远和吴鹏（2018）认为，经济的快速发展使城乡居民收入水平有较大提高，但城乡收入差距却逐渐扩大，原因在于产业集聚通过影响产业结构变化进而对城乡收入差距产生影响。王勇和沈仲凯（2018）的理论模型分析显示，收入不平等与产业升级的程度之间呈倒"U"型关系，因为收入过度平等会使得具有足够高的市场需求的产品种类减少，而收入过于不平等会导致只有较少的富人会对高档商品产生需求。在需求结构与产业结构关系方面，颜色、郭凯明和杭静（2018）认为，经济发展过程中需求结构持续变迁，消费率不断下降、投资率先上升后稳定略有下降；需求结构中不同构成部分的产业增加值比重也会变化，伴随着经济发展水平和人均收入的提高，消费品和投资品中工业增加值比重分别呈现先上升后下降和持续下降的趋势；需求结构中不同构成部分的产业增加值比重差异明显，消费品和投资品中工业增加值比重差别较大，后者显著高于前者。在产业结构和空间结构的关系方面，杨立勋（2013）认为，产业结构调整与城镇化具有重要的互动作用。产业结构调整可以通过要素市场、资源的空间转移、投资的乘数效应来推动城镇化进程；城镇化对产业结构调整具有重要的支撑、拉动和载体的作用。戴觅和茅锐（2015）认为，产业结构在我国地区经济收敛中有重要作用，能够优化落后地区产业结构、推进落后地区工业化进程，有助于缩小地区之间经济发展差距。陈丹妮（2017）认为，城镇化影响产业结构演进有五大机制：经济发展、要素供给、消费投资需求、技术创新和对外开放。在要素结构与空间结构关系方面，钱浩祺、吴力波和任飞州（2019）提出了一个包括技术异质性在内的多因素碳排放权分配理论模型，明确了全国碳减排总量目标、本地区排放总量、本地区碳排放强度以及本地区碳排放效率四个因素对碳排放权分配的影响机制。在空间结构、收入分配结构和需求结构的关系方面，储德银、黄文正和赵飞（2013）认为，由于收入分配差距的存在，不同收入阶层之间、城乡之间、地区之间和行业之间的消费水平和消费结构就会存在一定程度的差异，从而导致不同收入阶层居民的消费需求不同。在要素结构、空间结构和产业结构的关系方面，武剑、戴潇和严良（2015）认为，矿产资源密集型区域的资源型产业必须有极大产业有序度才可以正常生存；科技型产业发展路径则与矿产资源储量的关联度不大，无须较大的有序度来适应区域经济系统，从而可以推进区域产业结构的变化。王欣亮和刘飞（2018）讨论了创新要素空间配置影响产业结构升级的作用机制，认为资本创新要素空间配置主要通过需求侧的机制影响产业结构升级；人力创新要素空间配置主要通过要素集聚、效率提升、需求转换三种机制影响产业结构升级。李红伟和刘志广（2019）基于全球化过程中的要素禀赋稀缺性特征，认为人口大国国内会形成二元要素禀赋比较优势，这将延长其处于同一要素禀赋经济结构中的时间长度，因此，需要更长的城镇化和产业结构升级进程来完成现代化。在需求结构、收入分配结构和产业结构的关系方面，刘东皇、孟范昆和季小立（2013）从需求结构、收入分配结构和产业结构三个维度研究了中国宏观经济结构失衡问题。在要素结构、需求结构和产业结构关系方面，杨丹萍和杨丽华（2016）认为，对外贸易、技术进步影响产业结构升级主要集中在技术外溢和人力资本两个方面。在空间结构、收入分配结构和要素结构关系方面，钞小静和沈坤荣（2014）认为，具有较高初始财富水平的城镇居民更倾向于进行人力资本投资以提高劳动力质量，而财富水平相对较低的农村居民更倾向于直接以非熟练劳动力的形式参与生产；城乡收入差距过大会导致非熟练劳动力无法顺利向高质量的劳动力转化，熟练劳动力总数量受到限制进而制约整体经济的产出增长。高帆和汪亚楠（2016）提出，城乡收入差距会通过结构效应与规模效应影响全要素生产率（TFP），并导致全要素生产率呈先增后减的倒"U"型变动轨迹。在空间结构、产业结构和收入分配结构关系方面，金成武（2018）认为，乡村地区负担着人类社会整体存续所必需的物质条件的维护与生产功能，从而城镇与乡村的发展必然是不可分割的统一体。但是，农产品从生产到使用过程中的时空刚性使农业生产者高度依赖市场以及多行业技术进步，加之生态环境变化定价的困难，由此在财富积累方面，农业部门比工业部门和乡村地区比城镇地区有更多劣势。例如，要素结构、产业结构、需求结构、收入分配结构关系上，李跃（2017）认为，特定优势产业集聚的形成使得地区要素生产率提高，居民工资水平提升，刺激消费规模扩大并促进消费结构高级化；产品多样性需求程度增强，需求弹性变大，新企业进入门槛进一步降低，地区产业结构形态由"集聚"转向"多样性"态势；随着产业多样性发展，资本深化、基础设施完善、劳动力流入和人力资本积累等要素禀赋结构方面的内生动力推动产业结构升级，地区由"单优势产业集聚"变为"多优势产业集聚"。但是，随着消费结构升级，传统的优势产业不再具有比较优势，产业集聚发生离散；生产要素流入替代产业部门，形成更高级的优势产业集聚；伴随地区比较优势产业集聚与离散，产业结构形态表现出"集聚"与"多样性"态势的交替变迁。

（二）实证研究

学者们主要集中在总体实证研究、"单结构"实证研究和"多结构"实证研究等领域。

1. 总体研究。

袁吉伟（2013）的实证研究表明，总供给和总需求对我国经济波动的冲击标准差均较大，同时总需求冲击要大于总供给冲击。唐文强和严明义（2014）建立了STAR实证模型，从多维结构约束的角度对经济波动提出了新的解释。熊建益、刘勇和王艳云（2016）在基于产业结构、需求结构、收入分配结构、质量效益结构、对外贸易结构、创新驱动结构和经济发展对环境的影响等指标体系的基础上，构建经济结构转型升级总指数，对我国和各地区经济结构转型升级的水平进行了测度。王艺明和刘一鸣（2018）的实证研究结果表明，中国经济确实存在"生产资料部类优先增长"的规律。

2. "单结构"研究。

一是要素结构的实证研究。林志帆和龙晓旋（2015）的实证结果表明，金融结构对技术进步的影响取决于一国与世界技术前沿的距离。在远离前沿技术水平时，偏向银行部门的金融结构对技术进步具有正向影响，但其影响在接近前沿技术水平时转变为负。银行业内部较高的集中度与垄断利润形成的"特殊利益集团"的政治影响可能是金融结构不能实现适时转型的原因。林秀梅、张廷廷和孙海波（2017）运用结构分解技术，从生产效率和要素投入结构两方面考察1992~2015年中国经济增长动力结构及其演进特征。研究结果表明：从总体层面看，劳动生产率提高始终是经济增长的核心动力，劳动力在产业间的重新配置是增长的第二动力，初始投入、中间投入与总投入结构仍需动态优化；新常态下生产效率提高显著促进经济增长，粗放型经济发展模式进一步弱化，中国经济已经迈入集约型发展的初级阶段。

二是产业结构的实证研究。方丽婷和李坤明（2015）的实证研究表明，第二产业的比重与资本产出弹性、劳动产出弹性以及规模报酬成正相关；第三产业的比重与资本产出弹性呈现一种非线性递增关系，而与劳动产出弹性以及规模报酬成非线性递减关系。赵旭杰和郭庆旺（2018）对产业结构影响经济周期波动进行了实证研究，结果表明第一产业对经济周期波动影响较为模糊，第二、第三产业对经济周期波动具有显著的非对称加剧作用，而制造业是第二产业经济周期波动效应的主要来源。邹昊（2019）基于1991~2017年的数据，使用诺德豪斯（Nordhaus，2001）的方法对产业迁移过程进行了研究。

三是需求结构的实证研究。冯丽红（2013）基于向量自回归模型（VAR）对1990~2011年我国总需求影响因素的实证研究表明：短期看，影响我国总需求的程度从高到低依次为出口需求、投资需求和消费需求；长期看，消费需求、投资需求和出口需求的增加都会刺激总需求的增加。

李春林和冯丽红（2013）运用优劣解距离法（TOPSIS）和动态评价相结合的方法将我国31个省、自治区、直辖市的总需求分为四类地区。杨琦和尹华北（2017）采用面板模型德里斯科尔和克雷（Driscoll & Kraay）方法对农村基础设施投资存量与农村居民消费之间的关系作了实证分析，结果表明：农村基础设施投资对农村居民消费具有"挤出"效应，在不同的地区以及不同类型的基础设施对消费的挤出效应是不同的。易先忠、包群、高凌云和张亚斌（2017）的多国实证研究发现，制度不完善会造成"内需引致出口"功能缺位，这会形成背离本土需求的扭曲性出口产品结构；这种背离会让一个国家特别是拥有较大国内市场的国家加大被套牢于低端产品结构的风险。

四是收入分配结构的实证研究。刘扬和梁峰（2013）的实证研究表明，居民收入比重下降是居民收支结构变化的综合结果，其中，居民支出项目对居民收入比重变动的影响不容忽视。宁光杰（2014）的回归结果表明，一方面，低收入居民由于缺乏必要的社会保障，风险抵御能力差，因而不能参与资本市场以获得较高的财产和财产性收入；另一方面，金融制度约束使其无法获得贷款，限制其购房和进行房地产投资，因而很难增加财产和财产性收入，只能依靠偶然的土地征用或住房拆迁补偿来增加家庭财产。陈宇辉和倪志良（2018）的实证研究显示，中国家庭收入结构存在异质性，工资性收入是最重要的收入来源；收入不平等程度城市家庭小于农村家庭，收入结构不平等高于总收入不平等；并且家庭身份差异影响家庭可支配收入。罗楚亮（2019）的实证分析表明，纠正样本中高收入人群缺失这一偏差后，收入不平等程度上升了较多，而不是大多数文献显示收入差距缩小的趋势。

五是所有制结构的实证研究。李建标、王高阳、李帅琦和殷西乐（2016）的实验结果显示，非国有资本参与混合所有制改革的期望收益更高，且越早参与获利越多，但其收益会受到交易成本和国有资本超级股东身份的影响；对国有资本而言，其收益不受交易成本影响，且超级股东身份会使其拥有较高的谈判能力；只有经过较长时期的认知和行为的协调,尤其是坚持市场在混合所有制经济发展中的主导地位,才能获得混合所有制改革的实际绩效,完成国有资本主动适应和引领经济发展新常态、实现国有资产保值增值的使命。梁永福、苏启林和陈林(2017)的实证研究显示,地方国有企业效率与改制概率之间存在"U"型曲线关系,而国有企业冗员率与改制概率之间存在倒"U"型曲线关系;企业效率对改制概率的作用和冗员率对改制概率的作用间存在相互增强的关系;当国有企业存在软预算约束,所处行业市场竞争越激烈时,企业改制的可能性就越高。胡峰(2017)的实证结果表明,制造业混合所有制企业竞争力分布极不均衡,竞争力整体偏弱;从行业大类看,铁路、船舶、航空航天和其他运输设备制造业的竞争力最强,仪器仪表制造业的竞争力最弱;从企业归属层级看,省级国企的竞争力最强,高校、科研院所类国企的竞争力最弱。

六是空间结构的实证研究。安虎森和吴浩波(2015)的实证研究表明,不同城市之间环境质量的空间相关性是非常显著的,也更加集中地体现出运用空间面板数据模型的显著优势。李言和毛丰付(2019)从经济增长和经济结构两个层面出发,结合协调发展的视角,对中国改革开放以来区域经济的变迁进行了分析。研究结果表明:从改革开放到20世纪末,东部地区经济增速普遍高于中西部地区,且区域经济增长协调度逐渐提高;进入21世纪,中西部地区经济增速逐渐超越东部地区,且区域经济增长协调度一直保持在较高水平;区域经济增长协调度与区域经济结构协调度之间存在负面的互动效应,区域间产业结构差异化发展将有助于提高区域经济增长的同步性。

3. "多结构"研究。

马宇和杜萌(2013)从技术创新视角对"资源诅咒"假说的传导机制进行了实证分析。王颂吉和白永秀(2013)的实证分析表明,城乡部门生产要素配置与二元经济结构转化密切相关;全国和省际层面的非农部门配置了过多资本和过少劳动力,农业部门则配置了过多劳动力和过少资本,城乡要素错配显著阻碍了中国城乡二元经济结构转化。杨立勋

(2013)关于产业结构与城镇化匹配协调度的实证研究发现,产业结构与城镇化匹配协调度水平,我国东部地区明显高于中西部地区,而中部地区又略高于西部地区。匹配协调性对全国和中部地区的经济效率无显著影响,但对东部地区具有正向作用,对西部地区具有负向作用。刘燕妮、安立仁和金田林(2014)测度了1978~2010年中国经济结构和各要素之间的失衡程度。其中,产业结构、投资消费结构、金融结构的失衡程度对经济增长质量产生负效应,区域经济结构与国际收支结构对于经济增长质量产生正效应。刘文丽、郝万禄和夏球(2014)的实证研究表明,科技金融对经济增长存在显著的影响关系,但是这种关系在东部、中部和西部地区表现出明显差异。付才辉(2014)的实证研究表明,产业结构升级对农民工就业增长率存在倒"U"型影响,对城市高级劳动力就业存在"U"型影响。张晓莹和张红凤(2014)的实证研究发现,中国环境规制对技术进步的效应呈现先下降后上升的趋势,环境规制下的技术进步与地区经济发展呈现倒"U"型关系,环境规制刺激下的技术进步主要通过技术引进方式实现。于晗(2015)的预测结果显示,产业结构呈现高级化趋势,最终转化为"三二一"格局,就业结构相对滞后于产业结构但最终也将演变为"三二一"的优化格局。王鹏和尤济红(2015)采用全要素生产率分解法,探讨了1978~2013年劳动和资本要素在三次产业结构调整中的配置效率,并对其配置的"结构红利假说"进行了再检验。王敏和曹润林(2015)证明,城镇化进程确实加剧了城乡间居民财产性收入差距的不平等程度。杨先明和秦开强(2015)的实证研究发现,30多年来,技术收敛对收入收敛的决定作用越来越显著,其中,技术收敛对低收入国家收入提高的约束比高收入国家要小,同时,长期来看,技术收敛对收入收敛的作用明确且积极并且后期的技术进步努力更为重要。杨丹萍和杨丽华(2016)的实证研究表明,对外贸易对产业结构的影响呈"U"型相关关系,而技术进步与产业结构之间呈现正相关关系。黄玖立和范皓然(2016)的回归估计结果表明,相对资本配置效率低的地区,外部融资依赖性产业在资本配置效率高的地区拥有更多的出口,即改进资本配置效率有助于缓解企业融资约束,从而提升地区对外贸易的比较优势。韩永辉、黄亮雄和王贤彬(2016)的实证研究发现,产业结构高度化既能提高本地区也能提高其他地区的生态效率,而产业结构合理化对生态效率则体现出正外部效应。孙华臣和孙丰凯(2016)的实证研究发现,城乡收入差距扩大将导致二氧化碳排放量的不断增加;随着经济发展水平提高,二氧化碳排放演变特征轨迹呈倒"N"型;外资依存度对碳排放的影响显著为正,正在加快推进的新型工业化进程和日益提升的居民环保意识,有利于减少二氧化碳排放。曾国安和马宇佳(2017)运用 GMM 方法分析了我国金融结构与区域经济增长之间的相关关系。史晋川和刘青(2017)的实证研究发现,高增长时期资本份额对经济增长具有直接推动效应,通过总需求结构对经济增长产生间接影响,使得中国经济增长表现为明显的资本份额驱动特征。但是,随着经济增长放缓和总需求结构变化,资本份额对经济增长的作用将趋于减弱,劳动份额对经济增长的作用将会日渐增强。孙早、肖利平和刘李华(2017)的经验研究发现,中央政府控股企业比重的变化与战略性新兴产业创新绩效之间呈现出正相关关系;地方政府控股企业和民营企业比重的变化与战略性新兴产业创新绩效之间呈现出负相关关系。宋丽敏(2017)的实证研究显示,人口城镇化与产业结构升级呈现显著正相关,但土地城镇化与产业结构升级呈现显著负相关。李跃(2017)采用 2005~2014 年中国 279 个地级市数据,从消费结构、要素禀赋、对外贸易与技术进步四个方面实证分析了我国产业结构形态变迁与内生动力的关系。研究显示:受内生动力驱动,现阶段我国各地区产业结构形态整体上呈集聚态势;门槛效应检验表明,不同阈值区间的内生动力对产业结构形态变迁的作用存在差异;低水平区间内的技术进步促进地区产业多样性,高水平区间内的技术进步则转变为促进集聚态势;对外贸易改善对集聚态势有持续性的促进作用;劳动力质量提升、资本深化驱动产业结构形态趋于多样性态势。同时,资本深化与消费结构水平较低是制约我国现阶段地区产业结构形态高级化的"短板"。王旭、陈蓉和李明宝（2018）的实证研究表明，以创新理论产出、财政教育投入和科技创新人才投入为代表的科技创新对区域经济的正向影响十分显著，以财政科技投入和技术市场产出为代表的科技创新对区域经济的正向影响效果微弱。秦华英（2018）的实证研究显示，相对处于垄断行业和中西部地区的国有企业，处于非垄断行业和东部沿海地区的国有企业创新对于混合所有制改革更为敏感；资本市场越发达，混合所有制改革对于国有企业创新的促进作用越显著。周茂、陆毅和李雨浓（2018）的实证结果表明，产业升级显著提升了劳动收入份额；从影响机制来看，产业升级这一效应是资源在产业间和产业内优化再配置共同作用的结果。殷杰兰（2018）认为，我国经济保持持续稳定增长要靠内需和消费，但目前我国居民消费倾向也较低。同时，我国城乡收入和消费差距巨大，这是导致我国人均消费水平较低的重要原因之一。渠慎宁、李鹏飞和吕铁（2018）的实证研究发现，投资和净出口这"两驾马车"驱动的经济增长模式，是解释中国产业结构转型过程中"三个典型问题"的主要原因。陈运平、何珏和钟成林（2018）的实证研究发现，中国不同资源丰裕度类型对区域经济增长存在显著差别，完全资源丰裕度、能源资源丰裕度和金属资源丰裕度均存在广义的"资源诅咒"，而非金属资源丰裕度存在狭义的"资源诅咒"，表明中国确实存在"资源诅咒"现象，并且广义的"资源诅咒"存在较为普遍。吴万宗、刘玉博和徐琳（2018）考察了1978~2015年我国产业结构变迁与居民收入差距的关系，研究发现：产业结构合理化对收入分配具有积极的改善效果；而产业结构高级化对收入差距的影响并不清晰。程婉静、武康平和田亚峻（2019）通过建立面板结构向量自回归模型（PSVAR）发现，中国经济发展的波动与劳动力年龄结构的波动密切相关。左玲玲和陈建平（2019）的实证研究表明，全国范围内环境规制有利于经济增长，但也存在区域差异；东部地区环境规制与经济增长呈现倒"U"型关系，适度的环境规制能够促进东部地区经济发展；中西部地区环境规制与经济增长呈现正"U"型关系，现阶段环境规制确实会对经济增长产生一定程度的阻碍作用，但是一旦达到拐点处，便会进入有利于经济增长的新阶段。石薛桥、段宇洁和郭瑞洁（2019）的实证研究结果表明，"一带一路"倡议对中国产业结构优化升级具有显著的推动作用，并且对中国产业结构合理化的影响略大于对产业结构高级化的影响。

（三）路径选择研究

学者们的研究主要集中在全面深化改革、创新驱动、供给侧结构性改革、供给与需求关系等领域。伍戈和刘琨（2013）认为，一方面要继续坚持逆周期的总需求调控，但要格外注重追求投资效率、把握刺激力度，充分考虑物价对总需求扩张的敏感程度；另一方面，应试图寻求破解困局的突破点，全方位推进总供给调整进程。刘晓萍（2014）认为，新形势下推动经济结构转型需要从需求管理和供给管理两方面入手，从内需驱动、创新驱动、均衡驱动三方面发力。王海军和冯乾（2016）认为，供给侧结构性改革从理论逻辑上讲就是围绕劳动力、土地、资本、技术创新等生产要素进行优化配置，调整生产可能性边界，提高供给质量，实现经济结构优化。周景彤和梁婧（2016）认为，推进供给侧结构性改革在要素层面要推动人口红利向人力资本红利转变，促进劳动力与产业升级的对接；鼓励创新，加快完善以企业为主体、市场为导向、产学研相结合的技术创新体系，营造有利于激励创新的制度环境。在产业层面要推进产业结构调整，培育壮大战略新兴产业，推动传统产业向中高端迈进，有序淘汰落后产能和化解过剩产能，加快发展现代服务业。在制度层面要建立更加市场化、现代化的金融、财税等制度体系，推进行政体制改革，加快政府行为从生产型向服务型转变，让市场真正在资源配置中发挥决定性作用。卢强和付华（2017）认为，中国推动经济结构转型必须转变经济增长方式，从消费结构、产业结构、技术创新结构以及外贸出口结构等方面走出一条具有中国特色的供给侧结构性改革的创新道路。林毅夫（2017）认为，中国要适度扩大总需求，这可与供给侧结构性改革，特别是其中的补短板结合起来，从产业升级、完善基础设施、改善环境、推进城镇化等方面加以落实。其中，补短板的投资可以为供给侧结构性改革创造良好的条件。赵昌文和朱鸿鸣（2017）认为，经济转型的核心是结构调整和增长动力的转换，关键在于建立一个创新导向型的经济结构。这一目标的实现至少需要满足以下三个条件，即重塑创新导向型的社会报酬结构、保持较强的企业纵向流动性、建立市场友好型的国有经济。刘东皇、谢忠秋和季小立（2017）认为，新常态下应通过推行均衡协调的发展战略、深化市场经济体制改革和推动政策供给方式转变构建起"发展战略＋市场经济体制＋政策支撑体系"三位一体的突破路径，促进新生动力的成长壮大，以推进经济结构优化。郑新立（2018）认为，新时代推动我国经济结构转型升级的关键在于通过不断深化改革来推动经济结构的不断转换。陆江源、张平、袁富华和傅春杨（2018）认为，中国大规模工业化接近尾声，依赖政府干预的传统增长方式效率下降，需要创新体制机制以消除要素配置的扭曲，推动经济结构优化和高质量发展。

综上所述，国内外关于经济发展新常态和经济结构转型升级的多年研究为本书提供了很好的理论基础和方法借鉴，但从本书的需求看也存在一些需要深入研究和探讨的问题。

一是关于经济发展新常态和经济结构转型升级的研究文献中西方经济学的视角较多，马克思主义政治经济学的视角较少。特别是，现有文献中十分缺乏党的十八大以来党中央关于新常态下经济结构转型升级思路框架的系统性、学理性的研究成果。

二是关于经济发展新常态的研究文献虽然较多，但"某个方面""某个角度"的文献较多，全面系统的研究成果较少。特别是，现有研究成果中缺乏经济发展新常态下我国不同区域发展条件、发展阶段、发展特征的最新研究成果。

三是关于新常态下我国经济结构的研究中，从"单结构"或"几个结构之间关系"视角开展理论和实证研究的文献较多，更为全面、系统的研究文献较少。

四是关于新常态下我国不同地区之间经济结构转型升级效果的比较研

究文献以及针对不同区域特点提出战略思路和路径选择的研究文献比较缺乏。同时，我国东部发达地区的研究文献较多，西部地区的研究文献较少。

五是新常态下我国区域格局"南北分化""西北地区和西南地区分化"趋势明显。在经济下行压力持续加大的背景下，西部资源富集地区亟须摆脱传统发展方式和路径依赖，加快形成新的发展优势，但目前这方面的研究文献也比较缺乏。此外，也缺乏对习近平总书记关于经济发展新常态以及新常态下我国经济结构转型升级重要论述进行全面系统梳理的研究成果。

四、研究思路和研究框架

研究思路和研究框架能够反映本书的总体思路、基本框架、主要内容和各部分之间的逻辑关系。这里，通过文字描述和路线图两种方式介绍本书的基本思路、框架结构和主要内容。

（一）研究思路

对西部地区进行典型调查研究，在对国内外相关文献综述的基础上，以习近平总书记关于新常态下经济结构转型升级重要论述为指导，尝试构建新常态下经济结构转型升级的基本分析框架。

在分析框架指导下，运用多种分析方法对党的十八大以来西部地区基于高质量发展要求的经济结构转型升级效果进行综合评价。

在综合评价基础上，从质量和效率、基础制度环境、保障和支撑条件、创新能力、协调能力、绿色化能力、开放能力、共享能力等方面对西部地区经济结构变迁的现状、特征、趋势、存在问题进行统计分析和实证研究。

在对西部地区经济结构转型升级的内外部环境进行系统分析的基础上，系统提出西部地区推动经济结构转型升级的战略构想和相关政策建议。

（二）研究框架

本书的研究目的在于构建一个新常态下经济结构转型升级的基本分

析框架,并以我国西部地区为典型区域进行案例研究,提出适应西部地区实际、符合发展阶段要求的经济结构转型升级的战略构想与政策选择。为此,本书的研究框架如图1-1所示。

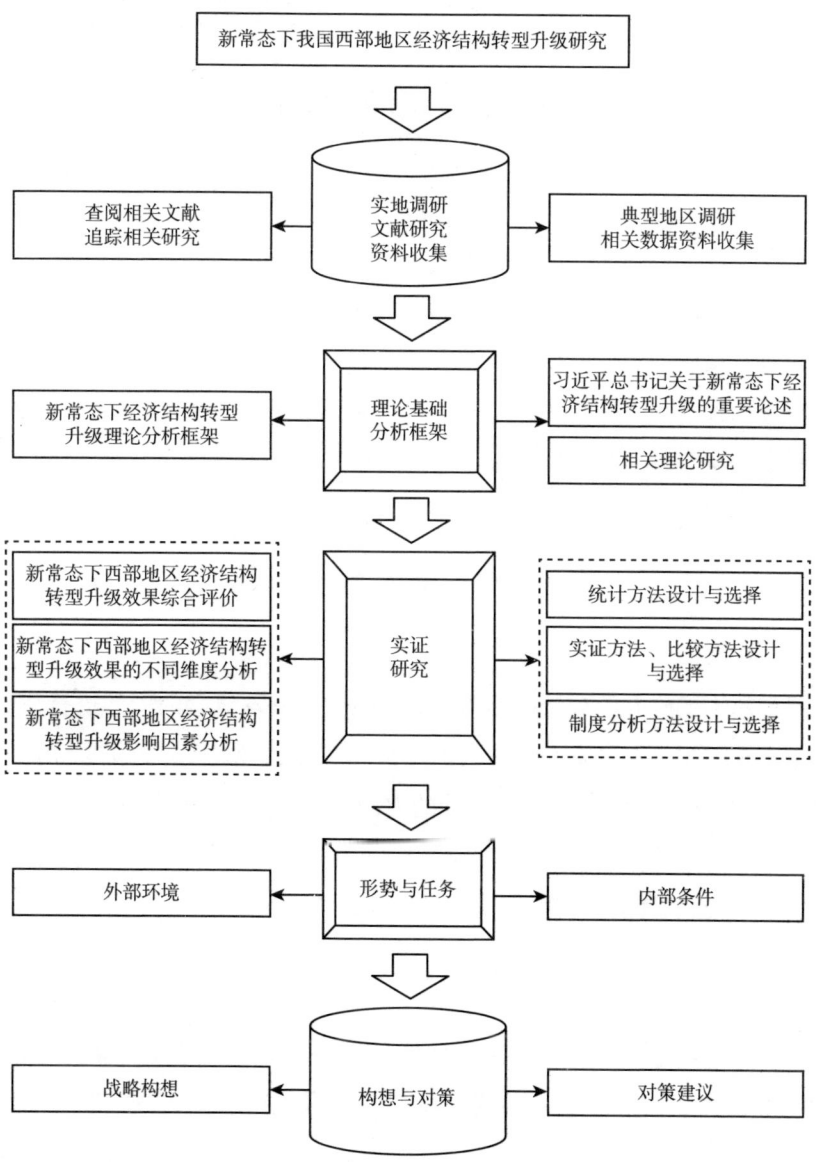

图1-1 本书的研究框架和技术路线

第二章　新常态下我国经济结构转型升级的分析框架

本质上，经济发展的过程是经济结构不断变迁的过程。本章在借鉴现有研究成果基础上，全面贯彻习近平总书记关于经济发展新常态以及新常态下我国经济结构转型升级的重要论述，首先对相关概念的内涵进行界定，然后提出本书研究的基本分析框架。

第一节　相关概念探析

构建本书研究的分析框架前，需要对一些基本概念的内涵进行讨论。这里，重点探讨与本书密切相关的"经济发展新常态""经济结构"和"经济结构转型升级"这三个概念的内涵。

一、经济发展新常态

2014年5月，习近平总书记在考察河南省时指出："我们可增强信心，从当前我国经济发展的阶段性特征出发，适应新常态，保持战略上的平常心。"[①]"新常态"一词，在公众视野里第一次出现。2014年11

[①] 中共中央文献研究室. 习近平关于社会主义经济建设论述摘编[M]. 北京：中央文献出版社，2017.

月，习近平总书记在北京 APEC 工商领导人峰会开幕式的主旨演讲中强调："中国经济呈现出新常态，有几个主要特点。一是从高速增长转为中高速增长；二是经济结构不断优化升级，第三产业、消费需求逐步成为主体，城乡区域差距逐步缩小，居民收入占比上升，发展成果惠及更广大民众；三是从要素驱动、投资驱动转向创新驱动。""速度、结构、动力"六个字，科学界定了"经济发展新常态"的基本内涵。

从历史长河看，我国经济发展历程中的新状态、新格局、新阶段总是在不断形成，经济发展新常态是这个长过程的一个阶段。从时间上看，我国发展经历了由盛到衰再到盛的几个大时期，今天的新常态是这种大时期更替变化的结果。从空间上看，我国出口优势和参与国际产业分工模式面临新挑战，经济发展新常态是这种变化的体现。因此，准确把握经济发展新常态的科学内涵需要关注以下几点。

一是新常态不是一个事件，不要用好或坏来判断。新常态是一个客观状态，是我国经济发展到今天这个阶段必然会出现的一种状态，是一种内在必然性，并没有好坏之分。

二是新常态不是一个"筐子"，不要什么都往里面装。新常态主要表现在经济领域，不要滥用新常态概念，搞出一大堆"新常态"（如文化新常态、旅游新常态、城市管理新常态等），甚至把一些不好的现象都归入新常态。

三是新常态不是一个避风港，不要把不好做或难做好的工作都归结于新常态。新常态不是不干事，不是不要发展，不是不要国内生产总值增长，而是要更好地发挥主观能动性、更有创造精神地推动发展。

二、经济结构

经济结构是一个系统，内部存在着十分复杂的交互作用和耦合关系。

（一）经济结构的基本内涵

经济结构是由社会经济活动各个环节、各个层面、各个领域的相互关系和内在联系构成的一个有机整体。一个国家或地区的经济结构是长期形成的，合理与否主要看它是否适合实际情况；是否建立在坚实的经济可能性之上；能否充分利用"国内外两个市场和两种资源"；能否符合资源环境综合承载能力要求；能否保证国民经济各环节、各层面、各领域协调发展；能否有力推动科技进步和劳动生产率提高；是否既有利于促进短期经济增长又有利于长远经济发展；能否取得最大经济效益、社会效益和生态效益。

（二）经济结构的内部关系

由经济发展的内涵界定可知，经济结构作为一个系统主要由经济、社会、资源、环境四个性质既不相同又紧密相连、相互制约的子系统的"交集"组成的一个多环节、多层面、多领域交互作用的复杂系统如图2-1所示。这个交集是由"人"这个"连接器"耦合而成的，有着自身的结构、功能、存在条件和运行规律。

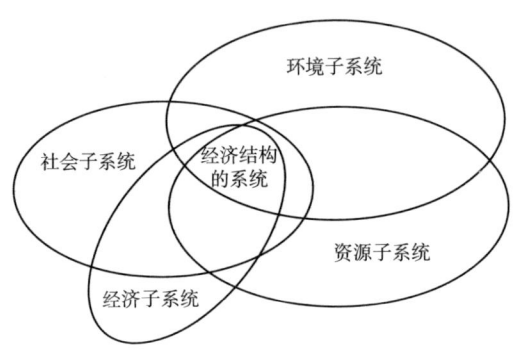

图2-1 经济结构系统示意图

经济结构系统各要素间的关系，体现为十分复杂的交互作用和耦合机制。系统内经济、社会、资源、环境四个子系统之间相互联系、相互制约，相互之间进行着物质、能量、价值、信息的交换，并与系统的外部环境之间进行着各种交换。从相关关系看，经济子系统始终是经济结构的中心。社会子系统由政府、企业和家庭乃至个人相互作用过程中形成的各种制度安排、运行机制、政策体系、文化道德体系等构成，这个系统提供人的认知能力、行动能力、决策能力，对经济结构起到保障、调节和干预作用。合理的制度安排、发展理念、战略取向，良好的价值体系和社会风尚，稳定的社会环境和高质量的生活水平以及完善的社会服务体系是经济结构实现全面协调可持续发展的重要保障。资源子系统是一定技术经济条件下，能够为经济结构运转提供物质、能量和信息的要素集成。其中，自然资源是人类生产资料和生活资料的基本来源，自然资源开发利用程度在时间和空间上反映了它对经济子系统、社会子系统发展的支持程度，同时也能反映它与环境子系统之间的和谐程度。环境子系统由自然环境和人工环境构成，环境既是经济结构的载体，也对经济结构的运行提供基础条件，同时还是经济结构运行中各种"废弃物"的收容地和处理场所；环境子系统的运转状况会对其他子系统的运转状况产生强大的反作用。此外，在经济结构变迁中，人处于中枢地位，既是系统的组织者，也是系统的调控者和干预者；而经济结构作为交集的边界，其内部协调性、与系统外部的关系如何，完全取决于人，因此推动经济结构转型升级的实践主体是人。在人的作用下，通过四个子系统之间以及各子系统内部各组成部分之间的复杂交互作用，特定发展阶段的经济结构最终可以体现为内部的特殊结构和外在的特殊功能。结构是经济结构作为一个系统的基础和基本架构；功能是经济结构的外在体现，主要表现为经济效应、社会效应、资源效应、环境效应及其四者之间的关系。因此，结构决定功能，功能反作用于结构。

三、经济结构转型升级

经济结构转型升级作为经济结构变迁的理想状态，应该是内部结构不断优化和外在功能不断提升的连续过程。按照系统演化的基本原理，经济结构转型升级的理想路径是"自组织"和"他组织"的良性互动过程，即通过市场机制和政府机制的共同作用推动系统的协调发展。因此，经济结构转型升级主要表现在以下方面。

一是各组成部分之间的结构协调。结构协调是系统理想演化的基本表现之一,反映了经济结构内经济、社会、资源、环境各子系统之间以及各子系统内部各组成部分之间的协调运行状态。

二是各组成部分之间的功能协调。经济结构系统的总体功能是由各子系统的功能耦合完成的,尽管各子系统的功能在特征、重要程度上各不相同,但是对于整体功能而言都是缺一不可的,每个子系统功能的增进或衰弱都会影响整体功能的发挥。

三是各组成部分之间的空间协调。空间是经济结构转型升级的载体。以省域经济为例,空间协调既包括城乡区域之间的协调,也包括省域与其他地区之间的协调。这是因为省域经济结构是一个开放系统,推动经济结构转型升级必须靠全方位的对内对外开放来实现,否则将会发生区域之间的各种矛盾和冲突,这样省域经济发展目标也不可能真正实现。

第二节　新常态下我国经济结构转型升级的基本分析框架

以习近平新时代中国特色社会主义经济思想为指导,全面贯彻习近平总书记关于新常态下经济结构转型升级的重要论述,提出新常态下我国经济结构转型升级的基本分析框架,主要观点如下。

一、适应、把握、引领经济发展新常态是新时代我国经济发展的大逻辑

我国经济发展进入新常态是以习近平同志为核心的党中央综合分析国际经济环境重大变化和我国发展阶段性特征及其相互作用作出的重大科学判断。适应、把握、引领新常态是新时代我国经济发展的大逻辑。

（一）世界经济正面临百年未有之大变局

第一，全球经济已进入上一轮长周期的衰退期或萧条期。从经济发展史看，在过去的150年里，全球经济在经历了两次世界大战和两次工业革命的洗礼后，经济发展主要呈现"两起两落"特征，其中经济增速的两个最低点出现在1882年前后和1929年前后。现在，世界经济增速出现了百年以来的第三个"谷底"[①]。

目前，世界经济增速已由2010年的4.4%快速下降到2016年的2.6%，2017年虽然实现整体性复苏并上升到3.2%，但由于深层次、结构性问题没有得到根本解决，新动能尚未真正形成，全球经济潜在增长率下降，经济下行压力不断增大，如图2-2所示。国际贸易活跃度方面，波罗的海干散货运价指数从2008年6月开始大幅度下跌，截至2019年5月仍处在低水平徘徊阶段，如图2-3所示。国际投资方面，2007年以来，无论是外国直接投资净流入占国内生产总值（GDP）比重，还是外国直接投资净流出占国内生产总值比重，都呈快速下滑趋势。其中，外国直接投资净流入占国内生产总值比重已经由2007年的5.3%下降到2017年的2.3%；外国直接投资净流出占国内生产总值比重已经由2007年的5.5%下降到2017年的2.3%，10年间下降幅度超过50%，如图2-4所示。

第二，主要经济体传统调控手段基本失灵并积累了巨大风险。2008年世界金融危机以来，各主要经济体内部的央行和财政部门之间开始"互怼"，本质上是对宏观调控手段的争论。以往，经济出现困难，货币手段"开路"、财政政策"垫后"，"面多了加水、水多了加面"，轮番上阵总会有作用，但本轮金融危机之后这些手段的边际效应越来越弱。从货币政策效果看，主要经济体相继实施了多轮货币宽松，但低利率甚至是零利率的资金并没有多少真正流入实体经济，反而造成实体经济与虚

---

① 资料来源：Jorda-Schularick-Taylor Macrohistory Database，兴业证券经济与金融研究院整理。

新常态下我国经济结构转型升级的战略选择：西部地区典型案例研究

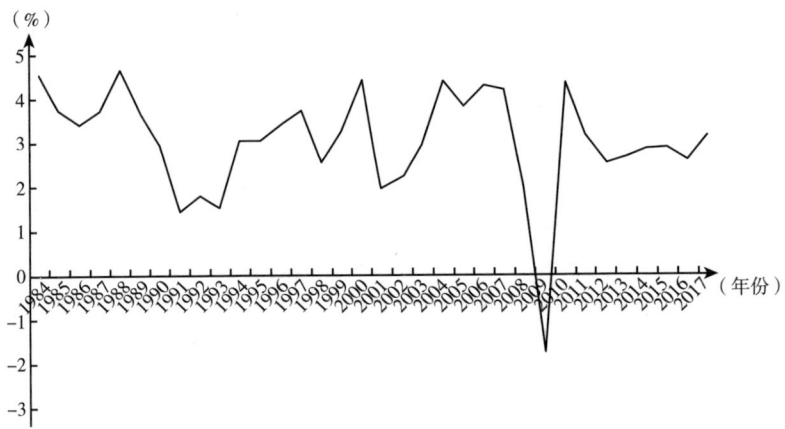

图 2-2 1984 年以来世界经济增速变化情况

资料来源：世界银行官方网站，https：//data.worldbank.org.cn/indicator/NY.GDP.MKTP.KD.ZG? view＝chart。

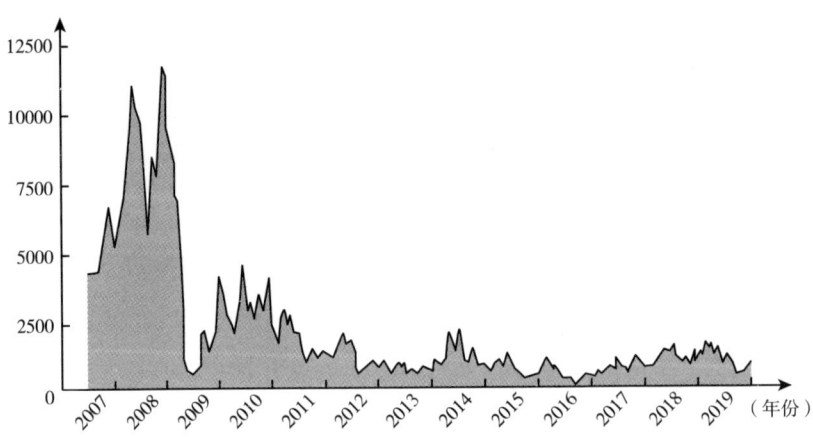

图 2-3 2007 年以来波罗的海干散货运价指数变化情况

资料来源：国际船舶网，http：//www.eworldship.com/app/data，2019 年 5 月 23 日。

拟经济严重失衡，很多国家 M2 占国内生产总值比重快速上升，货币政策传导机制十分迟钝，导致包括房价、股市等在内的资产价格快速上涨，许多国家的利率早已为负，已经失去进一步宽松刺激的政策操作空间。从财政政策效果看，以政府债务占国内生产总值比重为财政政策操作空间的衡量指标，发达经济体的这一比重已由 2008 年的 78.2% 快速上升到

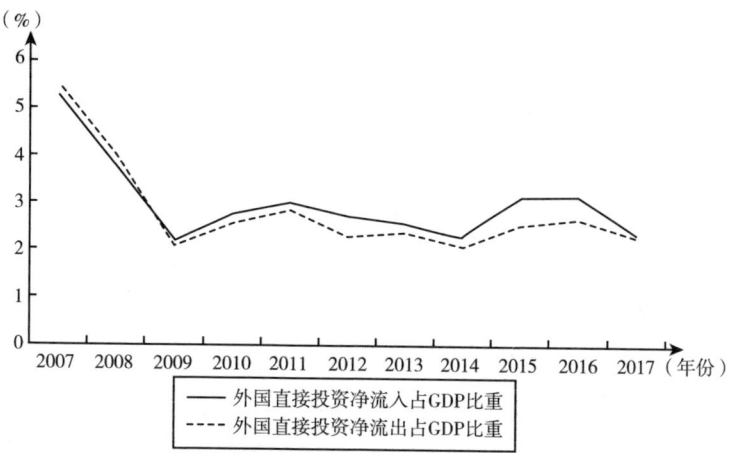

图 2-4　2007~2017 年外国直接投资净流入和净流出占国内生产总值比重变化情况

资料来源：世界银行官方网站，https://data.worldbank.org.cn/indicator/NY.GDP.MKTP.KD.ZG? view = chart。

2018 年的 103.5%，新兴市场和发展中国家的这一比重也由 2008 年的 34% 快速上升到 2018 年的 50.6%，低收入国家的这一比重由 2008 年的 38.3% 上升到 2018 年的 45.9%。整体看，目前世界各国都缺乏进一步刺激经济的货币政策和财政政策空间，如图 2-5 所示。

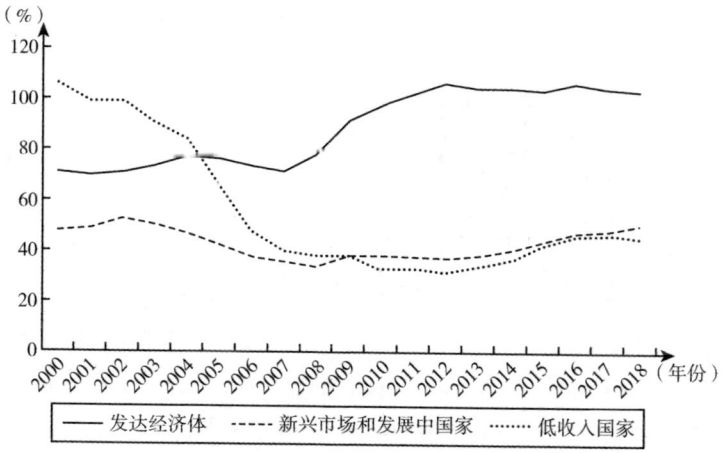

图 2-5　2008~2018 年世界各国政府债务占国内生产总值比重变化情况

资料来源：世界银行官方网站，http://www.shihang.org/。

第三,经济运行中一些深层次的结构性变化深刻影响着全球经济未来走向。在世界经济处于低迷状态时,经济运行中一些深层次的结构性变化正在发生,这将深刻影响全球经济未来的走向。一是劳动年龄人口在全球各地的分布发生重大变化。2017 年,全球人口数量大约为 75 亿,到 2100 年预计达到 112 亿左右。世界人口虽然还会继续增长,但劳动年龄人口的空间分布将发生重大变化。例如,撒哈拉以南非洲的劳动年龄人口正在不断增长,到 2100 年仍然是正增长,将会成为世界上劳动年龄人口最多、活跃度最高的地区,如图 2-6 所示。与此同时,世界其他国家和地区的劳动年龄人口比重在 2008 年总体达到高峰后会逐渐下降,在 2035 年后将会出现零增长或负增长。这可能意味着,人均国内生产总值将会由发达国家和新兴经济体转向非洲国家。二是全球收入分配不断恶化,而且贸易收入弹性普遍下降。收入分配在过去几十年间发生巨大变化,高收入群体占有的比重快速上升,中等收入群体比重在较快下降,财富集中度的提高导致总需求不断减少。与此同时,主要经济体居民收入虽然在还在增加,但是对进口商品需求的增加在下降,即每增加一元的收入中用于购买进口商品的比重开始有下降趋势,这与大多数国家产业结构"变轻"直接相关。三是科技创新给世界经济发展带来重大的不

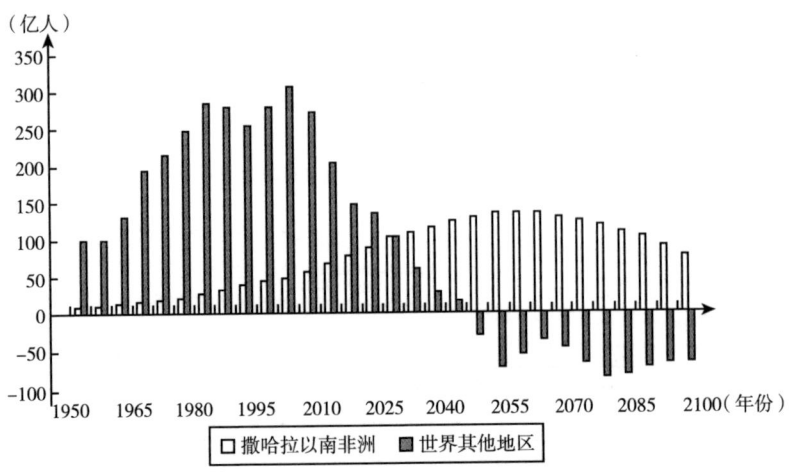

图 2-6 世界人口结构变化趋势(15~64 岁人口)

资料来源:朱民. 世界经济:结构性持续低迷[J]. 国际经济评论,2017(1).

确定性影响。科技创新永远是推动劳动生产率进步和经济增长的原动力。但创新是一把"双刃剑",因为科技创新在初始阶段对现存的技术和生产体系是带有破坏性和颠覆性的。目前,世界经济正面临从第三次工业革命到第四次工业革命的转换期,科技变化的不确定性大于其收益性,创新对现有技术和生产还处于"创造性破坏阶段"。创新制造了新的不确定性,因此对经济增长的贡献是不确定的。

第四,单边主义、保护主义给经济全球化深入发展带来巨大负外部性影响。欧美逆全球化思潮主要体现在多国纷纷出台贸易和投资保护主义措施、美国接连"退群"以及各国收紧与难民移民相关的政策等方面。单边主义和保护主义在欧美的兴起与发酵主要是因为西方社会形成了一条新的"结构性"分歧线。特别是,中美贸易紧张局势短期内虽不至于引发全球经济金融危机,但长期而言将使各国在科技、市场和信任上产生分歧,进而影响全球分工与协作,后果非常严重。总体来看,逆全球化思潮和做法在中短期内并不会彻底反转,而是会持续发酵,受民粹主义和"逆全球化"思潮影响,经济议题政治化,多边谈判受阻,针对贸易摩擦和投资限制的举措与制度性安排等会呈现明显增多、增强势头,单边主义和保护主义严重冲击国际经济秩序,世界经济面临的风险和不确定性明显上升,这会给世界经济发展带来巨大的负外部性影响。国际金融危机以来逆贸易自由化政策数量变化情况如图2-7所示。

第五,新兴大国与守成大国之间的博弈会进一步加剧。以中国为代表的新兴大国崛起,既是影响未来世界经济长周期变化的重要因素,也是国际经济政治格局变化的重要组成部分。新兴市场和发展中国家的创新能力在快速提升,产业结构不断转型升级并加快向全球价值链中高端迈进,这与发达国家的竞争将会不断加剧。一个人口规模与现有发达经济体人口总和相当的新兴大国进入高收入国家行列,必将促进全球经济格局加速变革。以美国为代表的守成大国与新兴大国之间既有合作又有竞争,相互之间的博弈将会加剧。一方面,守成大国希望分享新兴经济体发展机遇,期待中国等新兴大国在解决全球性议题、应对全球危机、

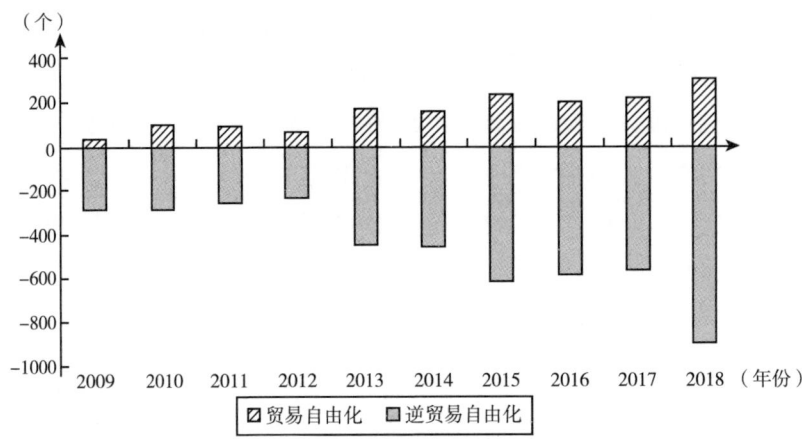

图 2-7　国际金融危机以来逆贸易自由化政策数量变化情况

注：世界各国对外政策数量，包含商品贸易、服务贸易、投资、移民。图中"正"数指促进贸易自由化的政策数量，"负"数指逆贸易自由化的政策数量。

资料来源：Global Trade Alert，兴业证券经济与金融研究院整理。

促进世界经济复苏中分担更多国际责任；另一方面，守成大国为保持领导地位，会采取打压、遏制等措施，加剧与新兴大国的博弈。竞争与合作是大国博弈的常态，合作并不意味着没有矛盾，美国已经开始并将继续在贸易、投资、金融、科技、安全等领域采取措施以全方位围堵、遏制中国等新兴大国的发展和快速追赶；竞争也并不意味着全面"开战"，双方都需要避免战略误判。大国之间持续的互动，导致未来前景具有巨大不确定性。可以确定的是，大国博弈将令中国等新兴大国所处的国际环境变得异常复杂，而且将对全球经济政治格局与竞合关系产生极为深刻的影响。

（二）新常态是在国内外发展环境变化相互作用中出现的新状态

认识新常态、适应新常态、引领新常态，是当前和今后一个时期我国经济发展的大逻辑。

第一，世界经济环境变化方面，我国发展的外部环境仍将保持总体相对稳定。世界虽然面临百年未有之大变局，但和平与发展依然是时代主题,世界多极化发展和治理体系改革将拓展我国发展空间、提升国际影响力和话语权。与此同时,全球经济增速低迷,国际竞争加剧,针对新兴大国的疑虑、打压等,也将给我国发展带来诸多严峻挑战。总体而言,我国在未来国际政治经济格局变化中机遇与挑战并存,但机遇大于挑战,我国发展的外部环境将保持总体稳定。特别是,我国提出的"人类命运共同体"倡议,能够继续展现凝聚力和行动力,为新形势下世界经济发展提供新指引、开拓新思路,为推动经济全球化向更加全面、开放、包容、普惠、平衡、共赢方向发展注入持续动力。

第二,国内经济环境变化方面,我国经济发展已经进入新的状态。新时代发展依然是党执政兴国的第一要务,但推动发展的内部条件有了重大变化。一是新时代虽然"两个没有改变"[①],但我国社会主要矛盾已经发生转化。党的十九大指出,中国特色社会主义进入新时代,我国社会主要矛盾已经转化为人民日益增长的美好生活需要和不平衡不充分的发展之间的矛盾。这是我们党对社会主要矛盾判断作出的重大调整,必将对中国经济社会发展产生全方位的深刻影响。需求侧,人民的需求层次和要求更高、需求范围更广。不仅有物质文化的更高需要,还有民主、法治、公平、正义、安全、生态环境等方面的需求。供给侧,原来"落后的社会生产"这种表述已经不符合中国实际。现在,我国供给侧最主要的矛盾不是"生产能力落后",而是"不平衡不充分的问题十分突出"。因此,新时代发展是必须要坚持的第一要务,但发展已经不再主要用来解决"落后的社会生产",而是要解决"不平衡不充分";不是解决"有没有"的问题,而是要着力解决"好不好"的问题。我国社会主要矛盾发生转化,意味着虽然我国发展仍将长期处在社会主义初级阶段,但是这个"初级阶段"跟原来的"初级阶段"相比,已经进入一个新的、较高的历史发展阶段了。正因为如此,党的十九大把新时代我国的奋斗目标上升到实现"两个一百年"以及

---

① "两个没有改变"即我国仍处于并将长期处于社会主义初级阶段的基本国情没有变,我国是世界最大发展中国家的国际地位没有变。

实现中华民族伟大复兴的中国梦。二是经济发展新常态是国际经济环境变化后我国社会主要矛盾转化在经济领域中的集中体现。经济发展新常态是我国社会主要矛盾发生转化后我国经济领域必然会出现的"客观状态",是经济发展的客观规律,没有"好与不好之分",它不以人的意志为转移,这是我国社会主义初级阶段迈上较高发展阶段后出现的一种"经济状态"。这种"新状态"与原来"旧状态"相比,出现许多新的趋势。消费需求方面,过去模仿型排浪式的消费模式基本结束,个性化、多样化、健康型的消费渐成主流,居民消费在国民经济中的地位不断上升。投资需求方面,原来传统产业领域中高强度的投资方式相对饱和,但基础设施互联互通和一些新技术、新产品、新业态、新商业模式的投资机会大量涌现,这对创新投融资方式、优化投资结构、消除投资障碍提出了新要求。出口和国际收支方面,全球总需求不振,我国低成本比较优势也发生了转化,"高水平引进来、大规模走出去"既面临难得机遇,也面临严峻挑战。生产能力和产业组织方式方面,传统产业出现产能过剩,供给能力大幅度超出需求,产业结构必须优化升级,新兴产业、服务业、小微企业的作用更加凸显,生产小型化、智能化、专业化将成为产业组织新特征。生产要素相对优势方面,人口老龄化日趋发展,农业富余劳动力减少,要素的规模驱动力不断减弱,经济增长必须更多地依靠人力资本质量和技术进步,必须让创新成为驱动发展的新引擎。市场竞争特点方面,数量扩张和价格竞争正转向质量型、差异化为主的竞争,统一全国市场、提高资源配置效率成为经济发展的内生在要求。资源环境约束方面,环境承载能力已经达到或接近上限,因此必须顺应人民群众对美好生态环境的期待,推动形成绿色低碳循环发展新方式。经济风险积累和化解方面,伴随经济增速下台阶,各类隐性风险逐步显性化,风险虽然总体可控,但防范化解经济金融风险的任务十分繁重。资源配置模式和宏观调控方式方面,需求侧短期管理的边际效应明显递减,既要全面化解产能过剩,也要通过发挥市场机制作用来探索未来产业发展方向，要全面把握总供求关系新变化，科学进行宏观调控。这些趋势性变化说明，我国经济正在向形态更高级、分工更复杂、结构更合理的阶段演化。

（三）新常态下我国经济发展有了新的阶段性特征

新常态这种客观状态的出现，意味着我国经济发展有了新的阶段性特征。一方面，从趋势和规律上看，我国经济在未来将进入高质量发展阶段。这是因为我国经济仍处在并将长期处在重要战略机遇期，经济长期向好基本面没有发生改变；我国经济韧性好、潜力足、回旋余地大的基本特质没有发生改变；我国经济持续增长的良好支撑基础和条件没有发生改变；我国经济结构调整优化的前进态势没有发生改变。另一方面，从现实看，我国经济能否真正迈入高质量发展阶段取决于能否跨越"转方式、优结构、转动力"的攻关期。跨越这个攻关期，我国经济增长速度要由高速增长转向中高速增长；经济发展方式要由规模速度型粗放增长转向质量效率型集约增长；经济结构要由增量扩能为主转向调整存量、做优增量并举；经济发展动力要由传统低端要素投入和出口拉动转向创新驱动和国内需求特别是国内居民消费拉动。实现这样广泛而深刻的变化并不容易，是一个新的巨大挑战。这是因为，当前我国经济发展面临的问题，供给和需求两侧虽然都有，但矛盾的主要方面在供给侧、结构性。总体而言，主要是三大结构性失衡导致了"四降一升"。三大结构性失衡：一是实体经济结构性供需失衡，供给体系产能虽然十分强大，但是大多数还只能满足中低端、低质量、低价格的需求，难以满足公众日益升级的多层次、高品质、多样化的消费需求；二是金融和实体经济失衡，存在着资金脱实向虚的现象，大量资金在金融体系内自我循环，不仅加大了金融体系风险，还进一步加重了实体经济融资困难；三是房地产和实体经济失衡，大量资金涌入房地产市场，带动一线城市和热点二线城市的房价过快上涨，进一步推高了实体经济发展成本。"四降一升"，即经济增速下降、工业品价格下降、实体企业盈利下降、财政收入下降、经济风险发生概率上升。因此,必须把改善供给结构作为主攻方向,实现由低水平供需平衡向高水平供需平衡跃升,推动经济发展质量变革、效率变革、动力变革。

二、新常态下要以新发展理念引领经济高质量发展

新发展理念集中反映了我们党对经济社会发展规律认识的深化,是新时代适应、把握、引领经济发展新常态,推动我国经济跨越攻关期、迈向高质量发展阶段的科学指引。

(一) 创新发展注重的是解决发展动力问题

我国创新能力不强,科技发展水平总体不高,科技对经济社会发展的支撑能力不足,科技对经济增长的贡献率远低于发达国家水平,这是我国经济发展的"阿喀琉斯之踵"。新科技革命带来的是更加激烈的科技竞争,如果科技创新能力提升不上去,发展动力就不可能实现转换,我们在全球经济竞争中就会处于下风。为此,我们必须把创新作为引领发展的第一动力,把人才作为支撑发展的第一资源,把创新摆在国家发展全局的核心位置,不断推进理论创新、制度创新、科技创新、文化创新等创新,让创新贯穿党和国家一切工作,让创新在全社会蔚然成风。

(二) 协调发展注重的是解决发展不平衡问题

我国发展不协调是一个长期存在的问题,突出表现在区域、城乡、经济和社会、物质文明和精神文明、经济建设和国防建设等关系上。在经济发展水平落后的情况下,一段时间的主要任务是"跑得快",但跑过一定路程后,就要注意调整关系,注重发展的整体效能,否则"木桶"效应就会愈加显现,一系列社会矛盾会不断加深。为此,我们必须牢牢把握中国特色社会主义事业总体布局,正确处理发展中的重大关系,不断增强发展整体性。

(三) 绿色发展注重的是解决人与自然和谐问题

绿色循环低碳发展，是当今时代科技革命和产业变革的方向，是最有前途的发展领域，我国在这方面的潜力相当大，可以形成很多新的经济增长点。我国资源约束趋紧、环境污染严重、生态系统退化问题严峻，人民群众对清新空气、干净饮水、安全食品、优美环境的要求越来越强烈。为此，我们必须坚持节约资源和保护环境的基本国策，坚定走生产发展、生活富裕、生态良好的文明发展道路，加快建设资源节约型、环境友好型社会，推进美丽中国建设，为全球生态安全作出新贡献。

(四) 开放发展注重的是解决发展内外联动问题

国际经济合作和竞争格局正在发生深刻变化，全球经济治理体系和规则正在面临重大调整，"引进来、走出去"在深度、广度、节奏上都是过去不可比拟的，应对外部经济风险、维护国家经济安全的压力也是前所未有的。现在的问题不是要不要对外开放，而是如何提高对外开放的质量和发展的内外联动性。我国对外开放水平总体上还不够高，用好"两个市场、两种资源"的能力还不够强，应对国际经贸摩擦、争取国际经济话语权的能力还比较弱，运用国际经贸规则的本领也不够强，需要加快弥补。为此，我们必须坚持对外开放基本国策，奉行互利共赢开放战略，深化人文交流，完善对外开放区域布局、对外贸易布局、投资布局，形成对外开放新体制，发展更高层次的开放型经济，以扩大开放带动创新、推动改革、促进发展。

(五) 共享发展注重的是解决社会公平正义问题

"治天下也，必先公，公则天下平矣。"让广大人民群众共享改革发展成果，是社会主义的本质要求，是社会主义制度优越性的集中体现，是我们党坚持全心全意为人民服务根本宗旨的重要体现。这方面问题解决好了，全体人民推动发展的积极性、主动性、创造性就能充分调动起来，国家发展才能具有更深厚的伟力。我国经济发展"蛋糕"不断做大，但分配不公问题比较突出，收入差距、城乡区域公共服务水平差距较大。在共享改革发展成果上，无论是实际情况还是制度设计，都有不完善的地方。为此，我们必须坚持发展为了人民、发展依靠人民、发展成果由人民共享，作出更有效的制度安排，使全体人民朝着共同富裕方向稳步前进，绝不能出现"富者累巨万，而贫者食糟糠"的现象。

在新发展理念的科学引领下，我国经济必将迈向高质量发展阶段。高质量发展就是能够很好满足人民日益增长的美好生活需要的发展，就是创新成为第一动力、协调成为内生特点、绿色成为普遍形态、开放成为必由之路、共享成为根本目的的发展。

三、新常态下推动经济高质量发展，要以供给侧结构性改革为主线推动经济结构转型升级

从发展进程看，新常态下以新发展理念引领经济高质量发展要通过解决供给侧、结构性的突出矛盾来跨越"转方式、优结构、换动力"的攻关期，这需要在适度扩大总需求同时，以供给侧结构性改革为主线推动经济结构转型升级。

（一）供给侧结构性改革的科学内涵

供给侧结构性改革是推动经济结构转型升级的突破口和着力点。供给侧结构性改革可以理解为"供给侧＋结构性＋改革"。供给侧，是与需求侧相对应的生产端、供给端，与提供产品和服务相关联。供给侧结构性改革与西方主流宏观调控完全不同，它强调在适度扩大总需求基础上，宏观调控要从生产端入手，进而提高供给体系的质量和效率。结构性，是指供给侧各层次、各领域、各环节相互之间的组合关系和要素资源配置状况。改革，是坚持问题导向对影响要素资源配置的体制机制进行变革和创新，强调要用改革的办法、市场化和法治化的手段，减少无

效供给和低端供给,增加有效和中高端供给,增强供给结构对需求结构的适应性和灵活性,不断满足人民日益增长的美好生活需要。这三方面有机统一,共同构成了供给侧结构性改革的科学内涵。

(二)以供给侧结构性改革推动经济结构转型升级要坚持"巩固、增强、提升、畅通"的八字方针

2018年底召开的中央经济工作会议,在总结前一阶段供给侧结构性改革工作基础上,进一步强调:"我国经济运行主要矛盾仍然是供给侧结构性的,必须坚持以供给侧结构性改革为主线不动摇,在'巩固、增强、提升、畅通'八个字上下功夫。""八字方针"是当前和今后我国深化供给侧结构性改革的总遵循。一是巩固"三去一降一补"成果,推动更多产能过剩行业加快出清,降低全社会各类营商成本,加大基础设施等领域补短板力度。二是增强微观主体活力,发挥企业和企业家主观能动性,建立公平、开放、透明的市场规则和法治化营商环境,促进正向激励和优胜劣汰,发展更多优质企业。三是提升产业链水平,注重利用技术创新和规模效应形成新的竞争优势,培育和发展新的产业集群。四是畅通国民经济循环,加快建设统一开放、竞争有序的现代市场体系,提高金融体系服务实体经济能力,形成国内市场和生产主体、经济增长和就业扩大、金融和实体经济良性循环。

四、新常态下以供给侧结构性改革推动经济结构转型升级需要完成的重点任务

新常态下,以供给侧结构性改革推动经济结构转型升级,要按照"八字方针"要求,找准主攻方向,着力推动我国经济结构转型升级,加快建设现代化经济体系。

(一)抓好"破、立、降",继续巩固扩大"三去一降一补"成果

巩固和壮大"三去一降一补"成果,是供给侧结构性改革再出发、

推动经济结构转型升级的立足点和基础性的紧迫任务。近年来，我国"三去一降一补"工作虽然取得明显成效，但是还需要抓好"破、立、降"工作，努力取得"三去一降一补"新成效。一是严格控制钢铁、煤炭等新增产能，加快"僵尸企业"市场出清。二是加快农业转移人口市民化，把防范房地产市场风险放在更加突出位置，加快建立健全房地产市场稳定健康发展长效机制。三是重点推进地方政府和国有企业降杠杆，加快建立健全地方政府债务和国有企业债务约束机制。四是切实落实各项降成本政策措施，较大幅度降低企业税负、社保、融资等成本，使企业生产经营成本与我国发展阶段相适应。五是聚焦经济社会发展短板，把补短板与体制机制改革有机结合起来，加快补制度短板的力度。

（二）振兴实体经济，建设创新引领、协同发展的产业体系

建设现代产业体系是推动经济结构转型升级的战略目标任务之一。现代产业体系应该是处在全球价值链中高端、高附加值、技术和知识密集型的产业组成，具备国际市场竞争力，代表未来产业升级和消费结构升级方向。目前，我国虽然已经建立比较完备的产业体系，但产业体系中的人力资源、资本和技术要素有机组合的质量效益都亟待提高，突出表现为人才、资本脱实向虚的趋势还没有根本逆转，技术创新和科技成果转化的周期过长、转化率不高等方面。解决这些问题，需要将实体经济作为经济发展和产业协同发展的主体，促进实体经济、科技创新、现代金融、人力资源协同发展，畅通生产要素配置市场化渠道。一要深入实施创新驱动发展战略，切实加强基础研究，着力突破一批关键核心技术，提高技术有效供给能力。二要把科技创新聚焦到振兴实体经济上来，加快建立和完善技术转移机制，提高科技成果转化率。三要坚持以服务实体经济为本，加快推进金融领域市场化改革，促进金融机构组织结构、经营理念、创新能力、服务水平的升级转型，疏通货币政策传导机制，深化利率市场化改革，让资金真正能够进入实体经济最需要的行业和企业。四要适应企业和产业转型升级的需要，加强职业教育和培训体系建

设,优化学校和专业布局,鼓励和支持社会各界特别是企业积极支持职业教育,着力培养高素质劳动者和技术技能人才。五要推进教育现代化,加快创新型人才培养。

(三) 完善市场机制,建设统一开放、竞争有序的市场体系

市场体系是推动经济结构转型升级的基础性制度保障。当前,我国还存在诸如市场秩序不规范,要素市场建设滞后,市场规则不统一,市场竞争不充分等突出问题。解决这些问题,必须加快建设统一开放、竞争有序的市场体系,使市场在资源配置中起决定性作用。要全面实施市场准入负面清单制度,清理废除妨碍统一市场和公平竞争的各种规定和做法,加快要素价格市场化改革,清除市场壁垒,提高资源配置效率和公平性,实现市场准入畅通、市场开放有序、市场竞争充分、市场秩序规范,加快形成企业自主经营公平竞争、消费者自由选择自主消费、商品和要素自由流动平等交换的现代市场体系。

(四) 深化收入分配体制改革,建设体现效率、促进公平的收入分配体系

收入分配体系是推动经济结构转型升级的重要基石和平衡机制。生产决定消费,消费反过来引导生产、为生产创造动力,没有体现效率、促进公平的收入分配体系,真正意义上的经济结构转型升级就无从谈起。因此,以供给侧结构性改革推动经济结构转型升级,既要关注做大"蛋糕",更要重视"蛋糕"分配,加快推进收入分配体制改革。实现收入分配合理、社会公平正义、全体人民共同富裕是推动经济结构转型升级对分配环节的内在要求。一要坚持和完善社会主义基本分配制度,初次分配和再分配都要重视效率与公平,坚持按劳分配为主体、多种分配方式并存的分配体系,更好地把按劳分配和按生产要素分配有机结合起来,处理好政府、企业、居民三者分配关系。二要增加和保障城乡居民的财产性收入,加强对非公有制经济产权保护,加强知识产权保护,增强人民群众财产安全感。三要加大政府的民生支出,推进基本公共服务均等

化。大力弘扬勤劳致富精神，激励人们通过劳动创造美好生活，推动居民收入增长和经济增长同步、劳动报酬提高和劳动生产率提高同步。四要不断健全体制机制和政策体系，调整国民收入分配格局，在发展中持续增加城乡居民收入，不断扩大中等收入群体，逐步形成橄榄型分配格局，把不断做大的"蛋糕"分好，让社会主义制度的优越性体现得更充分，让人民群众有更多获得感。

（五）优化空间格局，建设彰显优势、协调联动的城乡区域发展体系

城乡区域发展体系是推动经济结构转型升级的"空间载体"。区域差异大、发展不平衡是我国的基本国情之一，也是制约我国经济结构转型升级的重要因素。21世纪以来，我国逐步形成西部开发、东北振兴、中部崛起、东部率先的区域发展总体战略。党的十八大以来，以习近平同志为核心的党中央统筹内外、着眼全局，提出建设"一带一路"倡议和京津冀协同发展、长江经济带发展战略，推动形成东西南北纵横联动发展新格局。由于中国幅员辽阔，长期高速非均衡发展积累的各地区发展不平衡不充分的问题仍然比较突出。因此，必须坚持协调发展理念，实施城乡区域协调发展战略，建立更加有效的城乡区域协调发展新机制，大力实施乡村振兴战略，加大力度支持革命老区、民族地区、边疆地区、贫困地区加快发展，努力实现区域良性互动、城乡融合发展、陆海统筹整体优化，培育和发挥区域比较优势，加强区域优势互补，塑造城乡区域协调发展新格局。

（六）坚持人与自然和谐共生，建设资源节约、环境友好的绿色发展体系

绿色发展既是我国推动经济结构转型升级的环境基础，也是我国推动经济结构转型升级方向指引。党的十八大把生态文明建设纳入"五位一体"总体布局，提出建设美丽中国的目标，并分别部署生态文明体制改革、生态文明法律制度、绿色发展的目标任务。以习近平同志为核心的党中央高度重视并大力推进生态文明建设，强调要把生态文明建设有效融入经济建设、政治建设、文化建设、社会建设的各方面和全过程，我国贯彻绿色发展理念的自觉性和主动性显著增强，生态文明建设取得显著成就。新时代推动经济结构转型升级要坚持人与自然和谐共生的本质要求。这意味着，我国的经济结构必须是资源节约、环境友好的经济结构，不仅要讲速度、讲效益，更要在发展与保护、局部与整体、当前和长远之间找到最佳"平衡点"。因此，必须坚决摒弃损害甚至破坏生态环境的模式和做法，形成绿色发展方式和生活方式。要牢固树立绿色发展理念，坚持节约优先、保护优先、自然恢复为主的方针，形成节约资源和保护环境的空间格局、产业结构、生产方式、生活方式，还自然以宁静、和谐、美丽，努力实现绿色低碳循环发展，牢固树立和践行绿水青山就是金山银山理念，形成人与自然和谐共生的现代化建设新格局。

（七）提升开放层次和水平，建设多元平衡、安全高效的开放体系

开放体系是我国推动经济结构转型升级的必由之路和活力所在。开放带来进步，封闭必然落后。今天的中国经济，已经深深地与世界紧密融合在一起，中国的发展和世界的发展互为机遇、互为条件、互相促进。推动经济结构转型升级，要牢牢把握中国经济与世界经济深度融合的新趋势，贯彻落实开放发展理念，统筹国内国际两个大局，充分利用"两个市场、两种资源"，主动适应国际形势新变化，准确把握国内改革发展新要求，以"一带一路"建设为重点，坚持引进来和走出去并重，遵循共商共建共享原则，奉行互利共赢的开放战略，加快培育国际经济合作和竞争新优势，提高经济结构的国际竞争力，努力发展更高层次开放型经济，推动开放朝着优化结构、拓展深度、提高效益方向转变。

（八）深化重点领域改革，充分调动微观主体创新创业活力

微观主体是国民经济的细胞，是生产要素的组织者和产品与服务的提供者，在经济结构中处于的关键位置。目前，我国经济结构性矛盾突出，重要原因是微观主体素质不高、结构不合理。因此，深化重点领域

改革，必须紧紧抓住微观主体这个关键环节，激发企业、事业单位等活力。一要深化国资国企改革。坚持"竞争中性"原则，按照做强做优做大国有资本的目标要求，加快国有经济布局优化；以混合所有制改革为突破口，积极引入战略投资者，深入推进产权制度改革，建立现代企业制度；加快改组成立一批国有资本投资公司，组建一批国有资本运营公司，实现从管企业向管资本转变。二要发展壮大非公有制经济。坚持"两个毫不动摇"，瞄准痛点和堵点，彻底解决市场壁垒"虚低实高"问题，充分激发非公有制经济主体活力；全面落实市场准入负面清单制度，打破各种各样的"卷帘门""玻璃门""旋转门"，营造公平竞争的市场环境；聚焦市场主体反映最强烈的突出问题，推进"放管服"改革，优化营商环境。三要加快推进事业单位改革。我国事业单位 110 多万个，从业人员 3000 多万人。事业单位集中了我国 2/3 以上的专业技术人才，在教育、科技、文化、卫生等领域发挥着重要作用，但也存在体制机制不完善、质量效率不高等问题，需要切实予以解决。要坚定不移地推进政事分开、事企分开、管办分离，理顺政府与事业单位在公共服务供给中的关系，使事业单位变成独立的社会主体。当前重点要加快推进事业单位分类，合并和优化重组具有相同功能和定位的事业单位，在此基础上落实相应的支持政策。

  上述八个方面，涉及我国经济结构转型升级的各个环节、各个层面、各个领域，是一个统一的有机整体，必须系统考虑、系统协调、系统推进，不能单兵突进、顾此失彼。

第三章 我国西部地区经济结构转型升级效果评价

新常态下,以新发展理念引领经济高质量发展,需要以供给侧结构性改革为主线推动经济结构转型升级。本部分基于高质量发展要求,构建经济结构转型升级效果评价指标体系。在此基础上,采用熵权法对2012~2017年我国31个省、自治区、直辖市的经济结构转型升级综合水平以及各方面的水平进行实证测度和比较研究,重点对西部地区经济结构转型升级效果进行多维度的评价与分析。

第一节 基于高质量发展要求的经济结构转型升级效果评价指标体系构建

本部分探讨经济高质量发展的要求及其与经济结构转型升级之间的关系,在借鉴国内外相关研究成果基础上,提出了基于高质量发展要求的经济结构转型升级评价指标体系。

一、评价指标体系构建的说明

推动经济结构转型升级是一项十分复杂的系统工程,反映的是经济发展内涵的"全貌"。本书构建的基于高质量发展要求的经济结构转型升级效果评价指标体系，至少需要满足以下要求：一是评价指标体系设计要全面贯彻习近平总书记关于新常态下经济结构转型升级的重要论述精神；二是评价指标体系设计要全面落实创新、协调、绿色、开放、共享的理念要求和高质量发展要求；三是评价指标体系设计既要体现经济结构的宏观层面，又要体现经济结构的内部关系，尽可能从不同层次、不同领域、不同环节等维度反映经济结构转型升级的全过程；四是评价指标体系设计既要坚持目标任务导向，又要坚持问题导向。

按照上面提出的要求，结合现有研究成果，根据数据可获得性，本书构建了一个包括质量和效率、基础制度环境、保障和支撑条件、创新能力、协调能力、绿色化能力、开放能力、共享能力 8 个维度/子系统（包含 48 个指标）在内的基于高质量发展要求的经济结构转型升级效果评价指标体系。

二、评价指标体系构建

（一）质量和效率

经济运行的质量和效率可以从整体和宏观上，主要从经济增长规模、经济运行稳定性、经济结构优化和资源配置效率 4 个方面反映经济结构转型升级的总体态势。

一是经济增长规模用人均国内生产总值水平指标来衡量，人均国内生产总值是了解和把握一个国家或地区宏观经济运行状况的有效指标，是反映经济结构转型升级状况最重要的宏观经济指标。

二是经济运行稳定性用生产者物价指数、消费者物价指数和失业率 3 个指标衡量。

三是经济结构优化状况主要用 4 个指标衡量。其中，产业结构合理化指数，本书借鉴吕明元和尤萌萌（2013）的做法，利用 SR 指数进行测度。其计算公式为：

$$SR = \sum_{i=1}^{n} \left(\frac{Y_i}{Y}\right) \sqrt{\left(\frac{Y_i/L_i}{Y/L} - 1\right)^2} \qquad (3-1)$$

式中，SR 为包含各产业部门权重结构偏离度的加权和；$\frac{Y_i}{Y}$ 为各产业部门在经济中所占份额；$\frac{Y_i/L_i}{Y/L}$ 表示产业 i 的比较劳动生产率。这样，可以综合考虑产业结构偏离系数与泰尔指数。同时，为了使 SR 指数值与产业结构合理化水平呈现正向关系，本书将 SR 指数取倒数并乘以 100，具体为：

$$RLS = 100/SR = 100 \Big/ \left[\sum_{i=1}^{n} \left(\frac{Y_i}{Y}\right) \sqrt{\left(\frac{Y_i/L_i}{Y/L} - 1\right)^2}\right] \qquad (3-2)$$

式中，RLS 表示产业结构合理化水平，值越大，则表示某地区产业结构合理化程度越高；反之，则表示该地区产业结构合理化程度越低。

产业结构高级化指数，本书参考多数文献的做法，选取第三产业产值与第二产业产值之比作衡量指标。投资结构指数，本书采用高技术产业投资/制造业投资得到，该指标反映制造业投资中科技含量高、附加值高的高技术产业所占份额。消费结构指数，本书采用居民食品消费支出占总消费支出的比重来衡量。

四是资源配置效率包含 4 个指标，分别是以"国内生产总值/全社会固定资产投资额"衡量资本效率、以"国内生产总值/全部从业人员数量"衡量劳动效率、以"国内生产总值/万吨标准煤"衡量能源效率以及以"粮食总产量/耕地总面积"衡量土地效率。

（二）基础制度环境

基础制度环境既是推动经济结构转型升级的制度保证，也是从制度层面衡量经济结构转型升级效果的重要维度。基础制度环境状况可以从经济主体多元化、要素市场发育程度、政府行为规范程度 3 个方面体现。其中，经济主体多元化，用非国有经济固定资产投资比重来衡量；要素市场发育程度，用金融业增加值/国内生产总值、个体就业人数/全部从业人员数来衡量；政府行为规范程度，用国家预算内资金/全社会固定资产投资额、政府消费支出/最终消费来衡量。

（三）保障和支撑条件

基础设施状况既是经济结构转型升级的保障和支撑条件，也是反映经济结构转型升级效果的重要内容之一。该维度下主要包括 7 个指标，分别为衡量交通设施完善程度的公路网密度（公路里程/土地面积）、铁路网密度（铁路营业里程/土地面积）、衡量网络设施完善程度的人均互联网宽带接入端口（互联网宽带接入端口/人口）、衡量城市设施完善程度的用水普及率、燃气普及率、每万人拥有公共厕所数和每万人拥有公共交通车辆数。

（四）创新能力

创新既是推动经济结构转型升级的第一动力，也是反映经济结构转型升级能力和可持续性的重要标志。该维度下主要包括 4 个指标。其中，创新投入包括利用科学研究与试验发展（R&D）经费支出/国内生产总值比重计算得到的科学研究与试验发展投入强度、科学研究与试验发展人员数/全部从业人员数计算得到的科学研究与试验发展人员投入力度；创新产出用人均专利占有量来衡量，由国内 3 种专利（发明、实用新型、外观设计）授权数/总人口得到；创新效率采用马奎斯特生产率指数测算的全要素生产率进行衡量（Caves et al., 1982; Fare et al., 1994）。本书在测算马奎斯特生产率指数时，劳动投入变量选取各地区年末从业人员数衡量；资本投入变量借鉴颜鹏飞和王兵（2004）、张军等（2004）、王兵和颜鹏飞（2006）等的做法，使用物质资本存量衡量，并利用永续盘存法（PIM）进行估算；能源投入变量选取各地区全社会电力消费量来衡量；产出变量选取各地区生产总值衡量。

（五）协调能力

协调既是经济结构转型升级的内在要求，也是反映经济结构转型升级整体性和协同性的重要衡量标准。该维度下主要包括 4 个指标，分别为城镇化水平（常住人口城镇化率）、城乡收入协调水平（城镇居民人均可支配收入/农村居民人均可支配收入）、城乡消费协调水平（城镇居民消费水平/农村居民消费水平）和经济社会发展协调水平（人均可支配收入/人均国内生产总值）。

（六）绿色化能力

绿色化是经济结构转型升级的生态环境基础，也是经济结构转型升级的主攻方向和目标任务。该维度下主要包括 6 个指标，分别为森林覆盖率、建成区绿化覆盖率、省会城市空气质量达到二级以上天数、环境污染治理力度（环境污染治理投资占国内生产总值比重）、产生负面影响的单位国内生产总值废水排放（废水排放总量/国内生产总值）和单位国内生产总值废气排放（二氧化硫排放量/国内生产总值）。

（七）开放能力

开放是经济结构转型升级的活力所在，也反映了一个国家或地区利用"两个市场、两种资源"推动经济结构转型升级的能力和水平。该维度下主要包括 4 个指标，分别为外资开放度、外贸开放度、货物贸易质量和服务贸易质量。其中，外资开放度利用"外商投资企业投资额/国内生产总值"衡量；外贸开放度利用"进出口总额/国内生产总值"衡量；货物贸易质量利用"高技术产品进出口贸易额/进出口总额"衡量，服务贸易质量指标参考魏敏和李书昊（2018）的做法，利用"旅游外汇收入占国内生产总值比重"进行替代。

（八）共享能力

共享是推动经济结构转型升级的基本出发点和根本落脚点，是推动经济结构转型升级的根本政治立场和核心价值追求。该维度用 6 个指标进行测算，包括以"人均可支配收入"衡量的收入福利、以"人口死亡率"间接反映的健康福利、以"每十万人口高等学校平均在校生数"衡量的教育福利、以"每万人医疗机构床位数"为代表的医疗福利、以"人均拥有公共图书馆藏量"衡量的文化福利以及利用"城乡居民最低生活保障人数占比"衡量的脱贫成效,见表3-1。

表3-1　基于高质量发展的经济结构转型升级评价指标体系

子系统	准则层	衡量指标	功效	权重
质量和效率	经济增长规模	人均国内生产总值	+	0.0143
	经济运行稳定性	生产价格稳定(生产者物价指数)	-	0.0002
		消费价格稳定(消费者物价指数)	-	0.0001
		就业稳定(失业率)	-	0.0032
	经济结构优化状况	产业结构合理化指数	+	0.0769
		产业结构高级化指数	+	0.0167
		投资结构指数(高技术产业投资占比)	+	0.0265
		消费结构指数(居民食品消费支出比重)	-	0.0021
	资源配置效率	资本效率(国内生产总值/全社会固定资产投资额)	+	0.0159
		劳动效率(国内生产总值/全部从业人员数量)	+	0.0151
		能源效率(国内生产总值/万吨标准煤)	+	0.0141
		土地效率(粮食总产量/耕地总面积)	+	0.0114
基础制度环境	经济主体多元化	非国有经济投资比重(非国有经济固定资产投资占比)	+	0.0029
	要素市场发育程度	资本要素市场化程度(金融业增加值/国内生产总值)	+	0.0123
		劳动要素市场化程度(个体就业人数/全部从业人员数量)	+	0.0095
	政府行为规范程度	政府投资比重(国家预算内资金/全社会固定资产投资额)	-	0.0716
		政府消费支出比重(政府消费支出/最终消费)	-	0.0054

续表

子系统	准则层	衡量指标	功效	权重
保障和支撑条件	交通设施完善程度	公路网密度（公路里程/土地面积）	+	0.0277
		铁路网密度（铁路营业里程/土地面积）	+	0.0423
	网络设施完善程度	人均互联网宽带接入端口（互联网宽带接入端口/人口）	+	0.0157
	城市设施完善程度	用水普及率	+	0.0001
		燃气普及率	+	0.0011
		每万人拥有公共厕所数	+	0.0082
		每万人拥有公共交通车辆数	+	0.0048
创新能力	创新投入	科学研究与试验发展经费投入强度（科学研究与试验发展经费支出/国内生产总值）	+	0.0321
		科学研究与试验发展人员投入力度（科学研究与试验发展人员数/全部从业人员数）	+	0.0505
	创新产出	人均专利占有量（国内3种专利授权数/总人口）	+	0.0794
	创新效率	全要素生产率（马奎斯特生产率指数）	+	0.0007
协调能力	城镇化水平	常住人口城镇化率	+	0.0041
	城乡收入协调水平	城镇居民人均可支配收入/农村居民人均可支配收入	−	0.0018
	城乡消费协调水平	城镇居民消费水平/农村居民消费水平	−	0.0020
	经济社会发展协调水平	人均可支配收入/人均国内生产总值	+	0.0026
绿色化能力	绿化环保	森林覆盖率	+	0.0255
		建成区绿化覆盖率	+	0.0008
		省会城市空气质量达到二级以上天数	+	0.0057
	污染治理	环境污染治理力度（环境污染治理投资占国内生产总值比重）	+	0.0201
		产生负面影响的单位国内生产总值废水排放（废水排放总量/国内生产总值）	−	0.0046
		单位国内生产总值废气排放（二氧化硫排放量/国内生产总值）	−	0.0582

续表

子系统	准则层	衡量指标	功效	权重
开放能力	外资开放度	外商投资企业投资额/国内生产总值	+	0.0586
	外贸开放度	进出口总额/国内生产总值	+	0.0716
	货物贸易质量	进出口贸易中高技术产品所占比重（高技术产品进出口贸易额/进出口总额）	+	0.0537
	服务贸易质量	旅游外汇收入占国内生产总值比重	+	0.0519
共享能力	收入福利	人均可支配收入（居民人均可支配收入）	+	0.0057
	健康福利	人口死亡率	−	0.0013
	教育福利	每十万人口高等学校平均在校生数	+	0.0068
	医疗福利	每万人医疗机构床位数	+	0.0020
	文化福利	人均拥有公共图书馆藏量	+	0.0291
	脱贫成效	城乡居民最低生活保障人数占比	−	0.0335

第二节　研究方法与数据来源

一、研究方法

为了得出较为科学和真实的研究结果，本书采用熵值法进行指标权重计算。熵值法是一种客观的赋权法，具体步骤如下。

（一）构造数据矩阵

$$A = \begin{bmatrix} x_{11} & \cdots & x_{1m} \\ \vdots & \ddots & \vdots \\ x_{n1} & \cdots & x_{nm} \end{bmatrix}$$

其中，x_{ij} 为第 i 个方案第 j 个指标的数值。

（二）数据的非负数化处理

数据的非负数化处理采用常规的方式即可。

由于熵值法采用的是各个方案某一指标占同一指标总和的比值，因此不存在量纲的影响，不需要进行标准化处理。

（三）计算第 j 项指标下第 i 个方案占该指标的权重

$$P_{ij} = \frac{x_{ij}}{\sum_{i=1}^{n} x_{ij}} (j = 1,2,\cdots,m) \tag{3-3}$$

（四）计算第 j 项指标的熵值

$$e_j = -k \times \sum_{i=1}^{n} P_{ij} \ln(P_{ij}) \tag{3-4}$$

式中，$k>0$，$\ln(\cdot)$ 为自然对数，$e_j \geq 0$。常数 k 与样本容量 m 有关，一般令 $k = 1/\ln^m$，则 $0 \leq e \leq 1$。

（五）计算第 j 项指标的差异系数

对于第 j 项指标，指标 x_{ij} 的差异越大，对方案评价的作用越大，熵值就越小。$G_j = 1 - e_j$，G_j 越大，指标越重要。

（六）计算权重

$$W_j = \frac{G_j}{\sum_{j=1}^{m} G_j} \quad (j = 1,2,\cdots,m) \tag{3-5}$$

（七）计算各方案的综合得分

$$S_t = \sum_{j=1}^{m} W_j \times P_{ij} \quad (j = 1,2,\cdots,n) \tag{3-6}$$

二、数据来源

样本选取方面,本书以全国 31 个省、自治区、直辖市为研究样本,全方位测算和评价 2012~2017 年中国各省区市的经济结构转型升级综合效果,通过比较来研究探讨我国经济结构转型升级的时空演变特征和趋势。由于港澳台地区相关数据缺失严重,因此,本书未将其纳入评价和研究范围。

数据来源方面,本书所用的各地区三次产业年末从业人员数和各地区年末从业人员数的数据来源于 2013~2018 年各省区市统计年鉴以及各地区国民经济和社会发展统计公报;高技术产业投资额数据来源于历年《中国高技术产业统计年鉴》;各地区能源消费量数据来源于历年《中国能源统计年鉴》;各地区粮食总产量数据来源于历年《中国农村统计年鉴》;各地区金融业增加值数据来源于国家统计局网站;科学研究与试验发展经费支出、科学研究与试验发展人员数、国内 3 种专利(发明、实用新型、外观设计)授权数、高技术产品进出口贸易额等数据来源于历年《中国科技统计年鉴》;各地区环境污染治理投资数据来源于历年《中国环境统计年鉴》;其余数据均来源于历年《中国统计年鉴》和中经网统计数据库。此外,外商投资企业投资额、进出口总额、国际旅游外汇收入等数据均按照当年美元兑人民币平均汇率折算为人民币。考虑指标选取的科学性、可取性和系统性,排除主观因素影响,通过熵值法确定各指标的权重,以提高测算结果的科学性,从而让本书的结论更具有说服力和准确性。

第三节 实证结果分析

一、经济结构转型升级效果评价中各子系统测算结果

基于上述熵值法,计算得到 2012~2017 年我国 31 个省、自治区、

直辖市经济结构转型升级效果评价体系中各子系统的得分水平，具体见表 3-2~表 3-7。

表 3-2 2012 年我国 31 个省、自治区、直辖市各子系统测算结果

省区市	质量和效率	基础制度环境	保障和支撑条件	创新能力	协调能力	绿色化能力	开放能力	共享能力
北京	0.1828	0.0012	0.0836	0.2135	0.0022	0.044	0.1412	0.0422
天津	0.1214	0.0006	0.0767	0.1343	0.0019	0.0096	0.0944	0.0421
河北	0.0994	0.0003	0.0583	0.0313	0.0002	0.0142	0.0199	0.0182
山西	0.0930	-0.0019	0.0523	0.0351	0.0004	0.0218	0.0274	0.0213
内蒙古	0.0891	-0.0013	0.0278	0.0214	0.0000	0.0279	0.0105	0.0234
辽宁	0.0996	-0.0002	0.0583	0.0626	0.0009	0.0379	0.0520	0.0336
吉林	0.0967	0.0006	0.0500	0.0450	0.0007	0.0030	0.0226	0.0281
黑龙江	0.0999	-0.0019	0.0374	0.0572	0.0011	0.0164	0.0196	0.0234
上海	0.1500	-0.0027	0.0854	0.1583	0.0024	0.0030	0.1954	0.1004
江苏	0.1199	0.0014	0.0571	0.1312	0.0012	0.0111	0.1107	0.0352
浙江	0.1150	-0.0005	0.0519	0.1246	0.0015	0.0164	0.0684	0.0402
安徽	0.0942	-0.0018	0.0519	0.0599	0.0003	0.0224	0.0233	0.0211
福建	0.1085	-0.0043	0.0492	0.0746	0.0009	0.0175	0.0731	0.0336
江西	0.1026	-0.0009	0.0436	0.0239	0.0008	0.0334	0.0348	0.0215
山东	0.1064	0.0006	0.0566	0.0722	0.0004	0.0096	0.0402	0.0237
河南	0.0965	0.0007	0.0579	0.0369	0.0000	-0.0073	0.0440	0.0168
湖北	0.0969	-0.0004	0.0498	0.0557	0.0006	0.0126	0.0292	0.0228
湖南	0.1036	-0.0026	0.0462	0.0445	0.0002	0.0050	0.0171	0.0206
广东	0.1163	-0.0007	0.0454	0.1087	0.0007	0.0057	0.1319	0.0294
广西	0.0899	-0.0010	0.0362	0.0173	-0.0003	0.0145	0.0243	0.0219
海南	0.1149	-0.0016	0.0464	0.0159	0.0006	0.0304	0.0659	0.0396
重庆	0.1024	-0.0009	0.0475	0.0628	0.0001	0.0137	0.0623	0.0257
四川	0.0975	-0.0048	0.0332	0.0509	0.0004	-0.0014	0.0483	0.0214
贵州	0.0896	-0.0040	0.0363	0.0203	-0.0009	-0.0121	0.0105	0.0175
云南	0.0867	-0.0044	0.0318	0.0136	-0.0005	0.0046	0.0205	0.0193
西藏	0.1064	-0.0421	0.0138	-0.0111	-0.0017	0.0099	0.0299	0.0136

续表

省区市	质量和效率	基础制度环境	保障和支撑条件	创新能力	协调能力	绿色化能力	开放能力	共享能力
陕西	0.0854	-0.0042	0.0495	0.0581	-0.0004	0.0048	0.0345	0.0205
甘肃	0.0845	-0.0084	0.0285	0.0203	-0.0007	0.0082	0.0135	0.0198
青海	0.0808	-0.0132	0.0257	0.0119	0.0000	-0.0112	0.0100	0.0268
宁夏	0.0849	-0.0034	0.0432	0.0268	-0.0001	0.0067	0.0123	0.0330
新疆	0.0881	-0.0087	0.0257	0.0230	-0.0003	0.0267	0.0193	0.0255
均值	0.1033	-0.0036	0.0470	0.0581	0.0004	0.0129	0.0486	0.0285

表3-3　2013年我国31个省、自治区、直辖市各子系统测算结果

省区市	质量和效率	基础制度环境	保障和支撑条件	创新能力	协调能力	绿色化能力	开放能力	共享能力
北京	0.1864	-0.0062	0.0840	0.2184	0.0024	0.0523	0.1375	0.0414
天津	0.1253	0.0008	0.0775	0.1443	0.0023	0.0129	0.0940	0.0410
河北	0.1011	0.0004	0.0615	0.0358	0.0005	0.0117	0.0197	0.0179
山西	0.0974	-0.0022	0.0533	0.0386	0.0008	0.0215	0.0300	0.0215
内蒙古	0.0912	-0.0005	0.0289	0.0269	0.0003	0.0326	0.0124	0.0247
辽宁	0.1047	-0.0003	0.0601	0.0644	0.0011	0.0095	0.0489	0.0330
吉林	0.1002	0.0006	0.0503	0.0441	0.0008	0.0032	0.0228	0.0271
黑龙江	0.1043	-0.0006	0.0376	0.0563	0.0012	0.0273	0.0194	0.0236
上海	0.1470	-0.0019	0.0845	0.1630	0.0028	0.0085	0.1897	0.0997
江苏	0.1217	0.0017	0.0592	0.1370	0.0014	0.0179	0.1043	0.0327
浙江	0.1159	-0.0009	0.0544	0.1311	0.0018	0.0168	0.0675	0.0392
安徽	0.0966	-0.0012	0.0534	0.0648	0.0005	0.0385	0.0256	0.0186
福建	0.1100	-0.0037	0.0527	0.0807	0.0012	0.0225	0.0715	0.0302
江西	0.1043	-0.0001	0.0454	0.0307	0.0009	0.0191	0.0340	0.0227
山东	0.1090	0.0010	0.0574	0.0745	0.0006	0.0115	0.0403	0.0241
河南	0.1013	0.0004	0.0584	0.0411	0.0002	-0.0031	0.0458	0.0169
湖北	0.1010	0.0005	0.0508	0.0615	0.0009	0.0085	0.0289	0.0235
湖南	0.1052	-0.0018	0.0475	0.0460	0.0004	0.0077	0.0168	0.0195
广东	0.1181	-0.0003	0.0498	0.1113	0.0010	0.0092	0.1332	0.0280
广西	0.0924	-0.0019	0.0410	0.0231	0.0000	0.0176	0.0239	0.0220

续表

省区市	质量和效率	基础制度环境	保障和支撑条件	创新能力	协调能力	绿色化能力	开放能力	共享能力
海南	0.1249	-0.0017	0.0469	0.0202	0.0010	0.0179	0.0624	0.0226
重庆	0.1099	-0.0020	0.0512	0.0693	0.0004	0.0095	0.0699	0.0219
四川	0.0999	-0.0034	0.0343	0.0545	0.0006	0.0025	0.0486	0.0203
贵州	0.0909	-0.0020	0.0368	0.0271	-0.0004	-0.0023	0.0115	0.0160
云南	0.0891	-0.0032	0.0328	0.0169	-0.0003	0.0144	0.0251	0.0186
西藏	0.1063	-0.0477	0.0217	-0.0129	-0.0014	0.0704	0.0259	0.0167
陕西	0.0890	-0.0021	0.0520	0.0684	-0.0001	0.0087	0.0419	0.0207
甘肃	0.0894	-0.0090	0.0289	0.0255	-0.0004	0.0228	0.0130	0.0199
青海	0.0845	-0.0097	0.0258	0.0097	0.0001	-0.0006	0.0101	0.0269
宁夏	0.0867	-0.0040	0.0447	0.0341	0.0003	0.0170	0.0135	0.0357
新疆	0.0930	-0.0076	0.0263	0.0293	-0.0001	0.0354	0.0186	0.0246
均值	0.1063	-0.0035	0.0487	0.0624	0.0007	0.0175	0.0486	0.0275

表3-4　2014年我国31个省、自治区、直辖市各子系统测算结果

省区市	质量和效率	基础制度环境	保障和支撑条件	创新能力	协调能力	绿色化能力	开放能力	共享能力
北京	0.1884	-0.0062	0.0836	0.2235	0.0026	0.0686	0.1265	0.0429
天津	0.1238	0.0010	0.0772	0.1537	0.0024	0.0233	0.0913	0.0426
河北	0.1023	0.0006	0.0616	0.0399	0.0007	0.0101	0.0201	0.0190
山西	0.0994	-0.0013	0.0586	0.0378	0.0010	0.0145	0.0353	0.0217
内蒙古	0.0934	-0.0008	0.0293	0.0275	0.0006	0.0367	0.0114	0.0264
辽宁	0.1045	0.0003	0.0619	0.0633	0.0013	0.0036	0.0474	0.0347
吉林	0.1012	0.0011	0.0511	0.0459	0.0009	0.0022	0.0225	0.0278
黑龙江	0.1103	-0.0006	0.0388	0.0506	0.0013	0.0108	0.0182	0.0230
上海	0.1580	-0.0020	0.0847	0.1505	0.0028	0.0150	0.1885	0.1009
江苏	0.1240	-0.0019	0.0610	0.1385	0.0015	0.0166	0.0989	0.0346
浙江	0.1171	-0.0008	0.0576	0.1334	0.0020	0.0208	0.0665	0.0416
安徽	0.0989	-0.0012	0.0536	0.0667	0.0007	0.0275	0.0300	0.0188
福建	0.1105	-0.0026	0.0542	0.0830	0.0014	0.0138	0.0675	0.0317
江西	0.1069	0.0004	0.0492	0.0383	0.0010	0.0169	0.0384	0.0237

续表

省区市	质量和效率	基础制度环境	保障和支撑条件	创新能力	协调能力	绿色化能力	开放能力	共享能力
山东	0.1109	0.0015	0.0611	0.0749	0.0008	0.0099	0.0403	0.0244
河南	0.1027	0.0002	0.0600	0.0445	0.0004	-0.0028	0.0467	0.0173
湖北	0.1045	0.0010	0.0526	0.0631	0.0009	0.0130	0.0313	0.0246
湖南	0.1073	-0.0017	0.0510	0.0492	0.0005	0.0062	0.0181	0.0202
广东	0.1187	-0.0003	0.0528	0.1135	0.0014	0.0083	0.1216	0.0288
广西	0.0938	-0.0023	0.0444	0.0270	0.0002	0.0141	0.0264	0.0243
海南	0.1287	-0.0017	0.0475	0.0235	0.0012	0.0139	0.0549	0.0241
重庆	0.1117	-0.0015	0.0542	0.0713	0.0005	0.0076	0.0721	0.0234
四川	0.1023	-0.0018	0.0341	0.0573	0.0008	0.0065	0.0496	0.0208
贵州	0.0923	-0.0019	0.0402	0.0324	-0.0002	0.0094	0.0137	0.0174
云南	0.0909	-0.0042	0.0327	0.0208	0.0001	0.0061	0.0220	0.0194
西藏	0.1071	-0.0550	0.0223	-0.0092	-0.0011	0.0328	0.0188	0.0191
陕西	0.0923	-0.0024	0.0534	0.0719	0.0001	0.0147	0.0511	0.0219
甘肃	0.0907	-0.0060	0.0292	0.0283	-0.0003	0.0094	0.0117	0.0210
青海	0.0861	-0.0112	0.0264	0.0146	0.0003	-0.0084	0.0091	0.0277
宁夏	0.0887	-0.0025	0.0458	0.0396	0.0006	0.0191	0.0226	0.0396
新疆	0.0930	-0.0092	0.0275	0.0302	0.0001	0.0450	0.0174	0.0251
均值	0.1084	-0.0035	0.0503	0.0647	0.0009	0.0157	0.0481	0.0287

表3-5 2015年我国31个省、自治区、直辖市各子系统测算结果

省区市	质量和效率	基础制度环境	保障和支撑条件	创新能力	协调能力	绿色化能力	开放能力	共享能力
北京	0.1954	-0.0063	0.0865	0.2275	0.0026	0.0479	0.1298	0.0456
天津	0.1253	0.0013	0.0778	0.1660	0.0025	0.0052	0.0920	0.0441
河北	0.1050	0.0002	0.0653	0.0490	0.0010	0.0072	0.0203	0.0195
山西	0.1069	-0.0008	0.0604	0.0391	0.0012	0.0099	0.0401	0.0227
内蒙古	0.0940	-0.0010	0.0310	0.0343	0.0008	0.0346	0.0127	0.0272
辽宁	0.1111	0.0010	0.0667	0.0656	0.0015	0.0054	0.0466	0.0359
吉林	0.1040	0.0009	0.0545	0.0523	0.0011	0.0043	0.0211	0.0291
黑龙江	0.1174	-0.0012	0.0402	0.0538	0.0014	0.0077	0.0132	0.0239

续表

省区市	质量和效率	基础制度环境	保障和支撑条件	创新能力	协调能力	绿色化能力	开放能力	共享能力
上海	0.1579	-0.0025	0.0853	0.1568	0.0027	0.0131	0.1968	0.1036
江苏	0.1266	0.0018	0.0635	0.1455	0.0017	0.0188	0.0974	0.0367
浙江	0.1190	-0.0008	0.0659	0.1436	0.0022	0.0194	0.0652	0.0449
安徽	0.1041	-0.0005	0.0599	0.0708	0.0008	0.0276	0.0392	0.0199
福建	0.1129	-0.0023	0.0598	0.0908	0.0015	0.0171	0.0663	0.0327
江西	0.1094	0.0005	0.0528	0.0500	0.0013	0.0166	0.0378	0.0238
山东	0.1126	0.0020	0.0645	0.0819	0.0010	0.0053	0.0378	0.0252
河南	0.1064	0.0000	0.0625	0.0521	0.0006	-0.0023	0.0520	0.0177
湖北	0.1079	0.0012	0.0551	0.0700	0.0010	0.0082	0.0341	0.0258
湖南	0.1097	-0.0017	0.0517	0.0558	0.0008	0.0292	0.0225	0.0209
广东	0.1208	-0.0004	0.0546	0.1194	0.0014	0.0092	0.1181	0.0307
广西	0.0950	-0.0027	0.0457	0.0336	0.0004	0.0217	0.0313	0.0253
海南	0.1314	-0.0019	0.0567	0.0291	0.0010	0.0148	0.0596	0.0246
重庆	0.1148	-0.0026	0.0579	0.0820	0.0007	0.0037	0.0688	0.0238
四川	0.1077	-0.0021	0.0357	0.0638	0.0010	0.0025	0.0466	0.0217
贵州	0.0960	-0.0018	0.0449	0.0396	0.0000	0.0014	0.0222	0.0184
云南	0.0934	-0.0058	0.0343	0.0307	0.0003	0.0045	0.0217	0.0198
西藏	0.1065	-0.0633	0.0225	-0.0048	-0.0010	0.0163	0.0241	0.0226
陕西	0.0968	-0.0025	0.0557	0.0776	0.0003	0.0101	0.0560	0.0222
甘肃	0.0973	-0.0070	0.0311	0.0341	-0.0001	0.0034	0.0133	0.0217
青海	0.0923	-0.0120	0.0281	0.0261	0.0004	-0.0046	0.0161	0.0292
宁夏	0.0903	-0.0034	0.0468	0.0442	0.0006	0.0230	0.0214	0.0402
新疆	0.0972	-0.0092	0.0295	0.0405	0.0003	0.0233	0.0143	0.0250
均值	0.1118	-0.0040	0.0531	0.0716	0.0010	0.0130	0.0496	0.0298

表3-6 2016年我国31个省、自治区、直辖市各子系统测算结果

省区市	质量和效率	基础制度环境	保障和支撑条件	创新能力	协调能力	绿色化能力	开放能力	共享能力
北京	0.2021	-0.0063	0.0879	0.2341	0.0024	0.0747	0.1248	0.0476
天津	0.1338	0.0016	0.0822	0.1662	0.0026	0.0079	0.0968	0.0459

续表

省区市	质量和效率	基础制度环境	保障和支撑条件	创新能力	协调能力	绿色化能力	开放能力	共享能力
河北	0.1065	0.0004	0.0667	0.0514	0.0012	0.0105	0.0207	0.0199
山西	0.1095	-0.0001	0.0625	0.0395	0.0013	0.0562	0.0496	0.0243
内蒙古	0.0968	-0.0026	0.0338	0.0367	0.0009	0.0327	0.0175	0.0297
辽宁	0.1158	0.0014	0.0683	0.0675	0.0016	0.0052	0.0621	0.0375
吉林	0.1069	0.0007	0.0581	0.0542	0.0012	0.0085	0.0215	0.0304
黑龙江	0.1228	-0.0007	0.0427	0.0526	0.0016	0.0135	0.0143	0.0249
上海	0.1592	-0.0025	0.0862	0.1622	0.0026	0.0211	0.1948	0.1049
江苏	0.1283	0.0021	0.0662	0.1504	0.0017	0.0170	0.0963	0.0395
浙江	0.1213	-0.0002	0.0654	0.1454	0.0023	0.0356	0.0644	0.0483
安徽	0.1070	-0.0005	0.0612	0.0720	0.0009	0.0361	0.0304	0.0211
福建	0.1160	-0.0025	0.0596	0.0954	0.0016	0.0207	0.0662	0.0347
江西	0.1128	-0.0008	0.0544	0.0583	0.0015	0.0308	0.0377	0.0239
山东	0.1139	0.0021	0.0660	0.0838	0.0012	0.0111	0.0377	0.0262
河南	0.1077	0.0004	0.0661	0.0531	0.0007	0.0124	0.0527	0.0187
湖北	0.1099	-0.0001	0.0565	0.0713	0.0011	0.0290	0.0383	0.0275
湖南	0.1124	-0.0013	0.0538	0.0583	0.0009	0.0120	0.0196	0.0224
广东	0.1232	-0.0002	0.0582	0.1245	0.0015	0.0188	0.1173	0.0328
广西	0.0964	-0.0038	0.0479	0.0360	0.0005	0.0225	0.0301	0.0262
海南	0.1386	-0.0036	0.0609	0.0283	0.0012	0.0261	0.0996	0.0256
重庆	0.1176	-0.0005	0.0613	0.0877	0.0008	0.0094	0.0691	0.0250
四川	0.1121	-0.0023	0.0370	0.0645	0.0011	0.0112	0.0527	0.0226
贵州	0.0981	-0.0007	0.0488	0.0343	0.0001	0.0001	0.0222	0.0189
云南	0.0972	-0.0058	0.0368	0.0322	0.0003	0.0059	0.0215	0.0211
西藏	0.1087	-0.0520	0.0228	-0.0007	-0.0009	0.0258	0.0276	0.0244
陕西	0.0985	-0.0031	0.0583	0.0877	0.0004	0.0265	0.0568	0.0235
甘肃	0.1010	-0.0069	0.0323	0.0366	0.0000	0.0091	0.0164	0.0223
青海	0.0953	-0.0150	0.0299	0.0292	0.0006	0.0142	0.0154	0.0300
宁夏	0.0927	-0.0015	0.0493	0.0515	0.0007	0.0329	0.0183	0.0391
新疆	0.0980	-0.0113	0.0312	0.0356	0.0005	0.0323	0.0139	0.0259
均值	0.1148	-0.0037	0.0552	0.0742	0.0011	0.0216	0.0518	0.0311

表3-7　2017年我国31个省、自治区、直辖市各子系统测算结果

省区市	质量和效率	基础制度环境	保障和支撑条件	创新能力	协调能力	绿色化能力	开放能力	共享能力
北京	0.2038	-0.0060	0.0883	0.2417	0.0024	0.0770	0.1315	0.0501
天津	0.1361	0.0021	0.0837	0.1615	0.0026	0.0126	0.1057	0.0435
河北	0.1085	0.0011	0.0677	0.0546	0.0014	0.0230	0.0217	0.0211
山西	0.1064	-0.0003	0.0620	0.0448	0.0013	0.0166	0.0478	0.0245
内蒙古	0.1032	-0.0029	0.0369	0.0365	0.0012	0.0344	0.0192	0.0307
辽宁	0.1178	0.0011	0.0679	0.0700	0.0018	0.0114	0.0802	0.0379
吉林	0.1090	0.0020	0.0588	0.0578	0.0013	0.0103	0.0235	0.0320
黑龙江	0.1300	-0.0004	0.0424	0.0507	0.0017	0.0091	0.0161	0.0270
上海	0.1647	-0.0045	0.0878	0.1670	0.0026	0.0339	0.1981	0.1061
江苏	0.1304	0.0025	0.0681	0.1492	0.0018	0.0190	0.0992	0.0431
浙江	0.1223	-0.0022	0.0671	0.1493	0.0023	0.0304	0.0682	0.0522
安徽	0.1110	-0.0011	0.0627	0.0728	0.0010	0.0353	0.0367	0.0230
福建	0.1162	-0.0015	0.0626	0.0966	0.0017	0.0266	0.0682	0.0366
江西	0.1146	-0.0003	0.0561	0.0600	0.0013	0.0314	0.0360	0.0258
山东	0.1167	0.0020	0.0679	0.0865	0.0014	0.0201	0.0403	0.0275
河南	0.1103	0.0002	0.0660	0.0566	0.0008	0.0286	0.0534	0.0196
湖北	0.1137	-0.0007	0.0566	0.0759	0.0012	0.0284	0.0399	0.0291
湖南	0.1152	-0.0012	0.0532	0.0629	0.0010	0.0181	0.0329	0.0241
广东	0.1252	-0.0006	0.0581	0.1403	0.0015	0.0222	0.1552	0.0346
广西	0.1020	-0.0038	0.0485	0.0368	0.0008	0.0198	0.0350	0.0268
海南	0.1359	-0.0030	0.0622	0.0295	0.0013	0.0385	0.0881	0.0266
重庆	0.1189	-0.0003	0.0644	0.0893	0.0009	0.0187	0.0694	0.0271
四川	0.1176	-0.0019	0.0395	0.0676	0.0013	0.0143	0.0598	0.0236
贵州	0.1011	-0.0020	0.0512	0.0396	0.0002	0.0128	0.0377	0.0207
云南	0.1001	-0.0046	0.0387	0.0361	0.0005	0.0081	0.0223	0.0220
西藏	0.1071	-0.0377	0.0286	0.0100	-0.0007	0.0495	0.0302	0.0263
陕西	0.0995	-0.0022	0.0600	0.0826	0.0005	0.0254	0.0640	0.0246
甘肃	0.1026	-0.0067	0.0352	0.0410	0.0002	0.0007	0.0203	0.0240
青海	0.0998	-0.0094	0.0311	0.0355	0.0009	0.0040	0.0151	0.0311

续表

省区市	质量和效率	基础制度环境	保障和支撑条件	创新能力	协调能力	绿色化能力	开放能力	共享能力
宁夏	0.0943	-0.0015	0.0533	0.0612	0.0009	0.0205	0.0448	0.0408
新疆	0.0986	-0.0097	0.0313	0.0363	0.0005	0.0411	0.0155	0.0263
均值	0.1172	-0.0030	0.0567	0.0774	0.0012	0.0239	0.0573	0.0325

二、经济结构转型升级各子系统平均水平与评价

利用 2012~2017 年各省、自治区、直辖市经济结构转型升级评价体系的各子系统得分计算得到各地区样本考察期间 8 个子系统平均得分水平，具体测算结果见表 3-8。

表 3-8　我国 31 个省、自治区、直辖市各子系统平均水平

省区市	质量和效率	基础制度环境	保障和支撑条件	创新能力	协调能力	绿色化能力	开放能力	共享能力
北京	0.1932	-0.0050	0.0856	0.2264	0.0024	0.0609	0.1319	0.0450
天津	0.1276	0.0012	0.0792	0.1543	0.0024	0.0119	0.0957	0.0432
河北	0.1038	0.0005	0.0635	0.0437	0.0008	0.0128	0.0204	0.0193
山西	0.1021	-0.0011	0.0582	0.0392	0.0010	0.0234	0.0384	0.0227
内蒙古	0.0946	-0.0015	0.0313	0.0306	0.0006	0.0331	0.0139	0.0270
辽宁	0.1089	0.0005	0.0639	0.0656	0.0014	0.0122	0.0562	0.0354
吉林	0.1030	0.0010	0.0538	0.0499	0.0010	0.0053	0.0224	0.0291
黑龙江	0.1141	-0.0009	0.0399	0.0535	0.0014	0.0141	0.0168	0.0243
上海	0.1561	-0.0027	0.0857	0.1596	0.0027	0.0158	0.1939	0.1026
江苏	0.1251	0.0019	0.0625	0.1420	0.0016	0.0167	0.1011	0.0370
浙江	0.1184	-0.0009	0.0604	0.1379	0.0020	0.0232	0.0667	0.0444
安徽	0.1019	-0.0011	0.0571	0.0678	0.0007	0.0312	0.0309	0.0204
福建	0.1124	-0.0028	0.0563	0.0868	0.0014	0.0197	0.0688	0.0332
江西	0.1084	-0.0002	0.0503	0.0435	0.0012	0.0247	0.0364	0.0236
山东	0.1116	0.0015	0.0622	0.0790	0.0009	0.0112	0.0394	0.0252

续表

省区市	质量和效率	基础制度环境	保障和支撑条件	创新能力	协调能力	绿色化能力	开放能力	共享能力
河南	0.1041	0.0003	0.0618	0.0474	0.0005	0.0043	0.0491	0.0178
湖北	0.1056	0.0002	0.0536	0.0662	0.0009	0.0166	0.0336	0.0255
湖南	0.1089	-0.0017	0.0506	0.0528	0.0006	0.0130	0.0212	0.0213
广东	0.1204	-0.0004	0.0532	0.1196	0.0012	0.0122	0.1295	0.0307
广西	0.0949	-0.0026	0.0440	0.0290	0.0003	0.0184	0.0285	0.0244
海南	0.1291	-0.0023	0.0534	0.0244	0.0010	0.0236	0.0717	0.0272
重庆	0.1126	-0.0013	0.0561	0.0771	0.0006	0.0104	0.0686	0.0245
四川	0.1062	-0.0027	0.0356	0.0598	0.0008	0.0059	0.0509	0.0217
贵州	0.0947	-0.0021	0.0430	0.0322	-0.0002	0.0015	0.0196	0.0181
云南	0.0929	-0.0047	0.0345	0.0251	0.0001	0.0073	0.0222	0.0200
西藏	0.1070	-0.0496	0.0220	-0.0048	-0.0011	0.0341	0.0261	0.0205
陕西	0.0936	-0.0028	0.0548	0.0744	0.0001	0.0150	0.0507	0.0222
甘肃	0.0943	-0.0073	0.0308	0.0310	-0.0002	0.0089	0.0147	0.0215
青海	0.0898	-0.0117	0.0278	0.0212	0.0004	-0.0011	0.0126	0.0286
宁夏	0.0896	-0.0027	0.0472	0.0429	0.0005	0.0198	0.0221	0.0380
新疆	0.0946	-0.0093	0.0286	0.0325	0.0002	0.0340	0.0165	0.0254
均值	0.1103	-0.0036	0.0518	0.0681	0.0009	0.0174	0.0507	0.0297

(一) 质量和效率评价

这个维度的评价中平均得分分别由最低的宁夏 (0.0896) 到最高的北京 (0.1932), 后者约是前者的2.16倍, 表明我国不同地区在推动经济结构转型升级过程中经济运行的质量和效率呈现出较大的地区差异性。具体来看, 平均得分高于0.15的地区只有北京 (0.1932) 和上海 (0.1561); 剩余地区中除广东 (0.1204)、江苏 (0.1251)、天津 (0.1276)、海南 (0.1291) 外, 其他地区的平均得分都在0.12以下。这些地区占所考察地区的总数的80.65%, 表明我国大部分地区经济结构转型升级的总体态势不尽如人意, 经济运行的质量和效率都有待进一步提高。特别是, 宁夏、青海、云南、甘肃等地区, 要坚持稳中求进工作总基调,一方面应保持经济运行在合理区间和社会大局稳定下;另一方面应下大力气通过调整优化产业结构、提高资源配置效率等方式来提升经济运行的质量和效率。

(二) 基础制度环境评价

基础制度环境评价中平均得分最高的为江苏(0.0019),最低的为西藏(-0.0496),前者与后者相差0.0515,这表明地区之间基础制度环境的差距十分明显。综合来看,目前只有天津(0.0012)、山东(0.0015)和江苏(0.0019)的平均得分超过了0.001。同时,只有8个地区的基础制度环境对推动经济结构转型升级发挥了积极的促进作用,其余23个地区的得分均为负数。这表明,深化经济体制改革,处理好政府与市场的关系,对于大多数地区而言仍然是一项十分紧迫的重大战略任务。

(三) 保障和支撑条件评价

保障和支撑条件评价中平均得分最高的3个地区分别为上海(0.0857)、北京(0.0856)和天津(0.0792),都处在我国东部发达地区。得分最低的3个地区分别为西藏(0.0220)、青海(0.0278)和新疆(0.0286),都位于我国西部欠发达地区。这表明,新时代深入实施西部大开发战略中建设现代综合基础设施网络体系是推动西部地区经济结构转型升级的一项先行战略任务。

(四) 创新能力评价

创新能力评价中平均得分最高的3个地区分别为北京(0.2264)、上海(0.1596)和天津(0.1543),其中,北京作为国家科技创新中心,其科学研究与试验发展经费投入、人均专利占有量和技术市场成交额均在全国处于前列。平均得分最低的3个地区分别为西藏(-0.0048)、青海(0.0212)和海南(0.0244)。近年来,我国区域发展开始明显分化,虽然西部地区一些省、自治区、直辖市转型升级取得明显进展，但是总体看西部地区与东部地区和一些中部地区的差距还十分明显。虽然影响因素较多，但创新能力总体低下是一个带有根本性的因素，如果动力问题解决不好，经济结构转型升级是难以做到的。因此，要始终把人才和创新作为第一资源和第一动力，以大众创业、万众创新为重要载体，坚持科技创新和制度创新"双轮驱动"，统筹推进各领域全面创新，强化问题导向和需求牵引，不断提升创新体系整体效能，更加注重科技与经济社会发展深度融合，充分激发全社会创新活力和创造潜能，全面提升创新能力，服务创新型国家建设，努力走出一条符合国家要求和地区特色的创新驱动发展之路。

（五）协调能力评价

协调能力评价中平均得分最高的为上海（0.0027），最低的为西藏（-0.0011），前者比后者高0.0038，表明地区差异十分明显。西藏（-0.0011）、甘肃（-0.0002）和贵州（-0.0002）的协调能力得分为负。同时，平均得分高于0.002的地区仅有4个，分别为上海（0.0027）、北京（0.0024）、天津（0.0024）和浙江（0.0020）。这表明，当前我国大部分地区发展的整体性和协调性都比较低，这已经成为影响经济结构转型升级的重要因素，必须学会运用辩证法，善于"弹钢琴"，处理好经济结构转开进升级中局部和全局、当前和长远、重点和非重点的关系，在权衡利弊中趋利避害、作出最为有利的战略抉择。

（六）绿色化能力评价

绿色化能力评价中平均得分最高的为北京（0.0609），最低的为青海（-0.0011），两者相差0.0620，说明各地经济结构的绿色化水平也存在较为明显的差异性。与此同时，除北京外，西藏、新疆、内蒙古、安徽、江西、海南、浙江、宁夏、福建、广西等地区得分高于全国平均水平，表明这些地区近年来在推动绿色化改造方面取得了一定成效。但是，甘肃、吉林、青海等地的平均得分还低于全国平均水平，这些地区大多属于资源型产业比重大的省份，表明未来这些地区在推动经济结构转型升级的过程中需要全面贯彻落实绿水青山就是金山银山的理念，保持加强生态文明建设的战略定力，强化生态环境保护力度，走绿色低碳循环发展之路，通过产业生态化和生态产业化培育绿色增长点，实现绿色转型。

（七）开放能力评价

开放能力评价中平均得分最高的为上海（0.1939），其中，高于0.1的地区有上海（0.1939）、北京（0.1319）、广东（0.1295）和江苏（0.1011）。此外，天津、浙江、福建等地区的平均得分也高于全国平均水平。这一结果符合预期，因为北京、上海、广东等东部发达地区是改革开放起步较早的地区，加上区位优势明显，对外开放质量和水平在全国领先。与之相比，新疆、甘肃、内蒙古、青海等西部地区的得分普遍较低。因此，西部地区要深入实施国家"一带一路"建设倡议，充分发挥自身比较优势，下大气力破解"酒肉穿肠过"问题，真正把经济结构转型升级融入经济全球化和区域一体化之中，努力打造开放合作新高地，不断提升对外开放合作质量和水平。

（八）共享能力评价

共享能力评价中平均得分最高的为上海（0.1026）和北京（0.0450），表明这两个城市居民收入、健康、教育、医疗、文化等福利水平在全国处于领先地位。浙江和天津的平均得分分别为0.0444和0.0432，这两个地区的平均得分虽低于上海和北京，但仍明显高于其他27个地区。总体上，目前共享能力平均得分存在较为显著的空间分异特征，高于0.0297（全国平均水平）的地区有9个，分别为上海、北京、浙江、天津、宁夏、江苏、辽宁、福建、广东。其余22个地区的平均得分均处于均值以下，共享能力处于较低水平。因此，一方面，在我国大部分地区在推动经济结构转型升级中，应充分调动人民群众的积极性、主动性和创造性，不断把"蛋糕"做大;另一方面,要把不断做大的"蛋糕"分好,让社会主义制度的优越性得到更加充分的体现,不断提高人民群众的获得感、幸福感和安全感。

综上所述,经济结构转型升级中各子系统得分折线如图3-1所示。

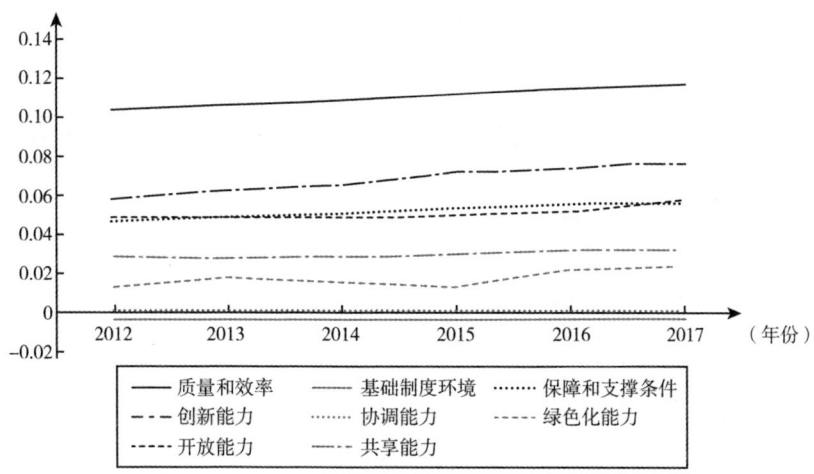

图3-1 经济结构转型升级中各子系统得分折线

三、经济结构转型升级综合水平测算与评价

基于以上经济结构转型升级各个子系统的综合得分,根据所占权重系数,可以计算出2012~2017年我国31个省、自治区、直辖市基于高质量发展要求的经济结构转型升级效果的综合得分,具体见表3-9。

表3-9　　2012~2017年各地区经济结构转型升级综合得分

地区	2012年	2013年	2014年	2015年	2016年	2017年	均值
北京	0.7724	0.7877	0.7974	0.7929	0.8120	0.8183	0.7968
天津	0.5721	0.5847	0.5989	0.5933	0.5923	0.5963	0.5896
河北	0.3628	0.3665	0.3689	0.3810	0.3812	0.3937	0.3757
山西	0.3923	0.4017	0.4057	0.4156	0.4666	0.4184	0.4167

续表

地区	2012年	2013年	2014年	2015年	2016年	2017年	均值
内蒙古	0.3369	0.3515	0.3574	0.3648	0.3634	0.3783	0.3587
辽宁	0.4635	0.4367	0.4293	0.4451	0.4624	0.4843	0.4536
吉林	0.3592	0.3580	0.3585	0.3728	0.3710	0.3802	0.3666
黑龙江	0.3737	0.3851	0.3657	0.3701	0.3770	0.3770	0.3748
上海	0.7816	0.7792	0.7795	0.7926	0.7864	0.7837	0.7838
江苏	0.5616	0.5653	0.5627	0.5744	0.5729	0.5739	0.5685
浙江	0.5147	0.5197	0.5295	0.5477	0.5522	0.5533	0.5362
安徽	0.3863	0.4069	0.4020	0.4256	0.4167	0.4240	0.4103
福建	0.4597	0.4668	0.4561	0.4719	0.4699	0.4724	0.4661
江西	0.3810	0.3742	0.3883	0.4038	0.4156	0.4127	0.3959
山东	0.4201	0.4241	0.4261	0.4295	0.4325	0.4414	0.4290
河南	0.3629	0.3760	0.3814	0.3994	0.3956	0.4084	0.3873
湖北	0.3790	0.3826	0.3938	0.4010	0.4154	0.4195	0.3986
湖南	0.3512	0.3534	0.3596	0.3946	0.3687	0.3820	0.3683
广东	0.5303	0.5390	0.5304	0.5368	0.5419	0.5949	0.5456
广西	0.3255	0.3380	0.3457	0.3635	0.3520	0.3573	0.3470
海南	0.4027	0.3815	0.3764	0.3988	0.4477	0.4423	0.4082
重庆	0.4381	0.4531	0.4575	0.4657	0.4698	0.4818	0.4610
四川	0.3720	0.3776	0.3835	0.3875	0.3991	0.4131	0.3888
贵州	0.3211	0.3306	0.3501	0.3602	0.3503	0.3896	0.3503
云南	0.3147	0.3309	0.3235	0.3342	0.3394	0.3390	0.3303
西藏	0.2789	0.3458	0.3131	0.3210	0.3272	0.3427	0.3215
陕西	0.3825	0.4046	0.4266	0.4383	0.4505	0.4477	0.4250
甘肃	0.3264	0.3481	0.3348	0.3467	0.3451	0.3507	0.3420
青海	0.2929	0.3002	0.2978	0.3277	0.3525	0.3439	0.3192
宁夏	0.3663	0.3875	0.4073	0.4161	0.4211	0.4461	0.4074
新疆	0.3585	0.3746	0.3848	0.3736	0.3711	0.3763	0.3732
东部	0.5378	0.5415	0.5426	0.5519	0.5589	0.5670	0.5499
中部	0.3755	0.3825	0.3885	0.4067	0.4131	0.4108	0.3962
西部	0.3428	0.3619	0.3652	0.3749	0.3785	0.3889	0.3687
东北	0.3988	0.3933	0.3845	0.3960	0.4035	0.4138	0.3983
均值	0.4174	0.4268	0.4288	0.4402	0.4458	0.4530	0.4353

同时，为能够直接反映各地区基于高质量发展要求的经济结构转型升级水平，本书对其进行了基本分类，并划分出相应等级，具体见表3-10。

表3-10　　　　　　　经济结构转型升级水平等级划分标准

经济结构转型升级水平	等级
$0 < D \leq 0.4$	低水平
$0.4 < D \leq 0.5$	轻度落后
$0.5 < D \leq 0.6$	正常水平
$0.6 < D \leq 0.7$	较高水平
$0.7 < D \leq 1.0$	高水平

资料来源：笔者根据需要自行分类。

（一）总体时空评价

本部分从时间和空间两个维度对基于高质量发展要求的经济结构转型升级效果进行总体评价。

1. 时序分析。

为了直观了解中国整体经济结构转型升级效果，我们利用2012~2017年各省、自治区、直辖市的经济结构转型升级效果平均值，绘制了图3-2。从时间演化趋势来看，2012~2017年全国31个省、自治区、直辖市的经济结构转型升级水平整体呈稳步上升态势。具体而言，北京、上海、天津、江苏、浙江位列全国前五位，这表明我国东部地区作为经济发展的"火车头"，其经济结构转型升级的成效也处于全国领先地位，经济发展的质量较高，这与我们的直观认识相符。

2. 空间分析。

我们测算了2012~2017年全国31个省、自治区、直辖市经济结构转型升级平均水平，并绘制了空间分布图，具体如图3-3所示。从空间分布格局看，各地区经济结构转型升级效果存在不同程度的差异化。总体而言，地区间差异较大，形成了"东部率先、中部追赶、东北地区和

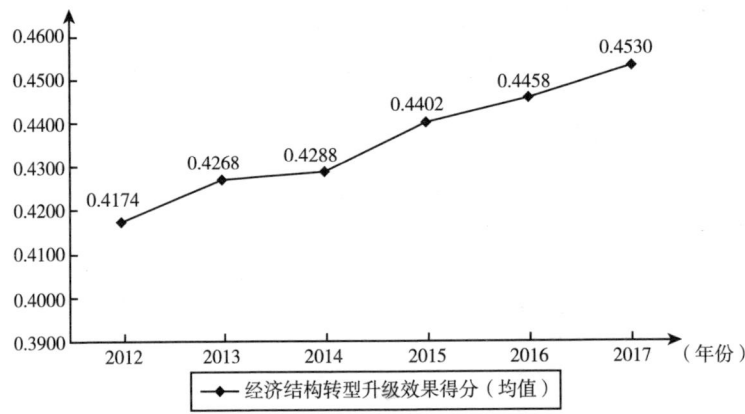

图 3-2 2012~2017 年中国经济结构转型升级效果

西部地区滞后"的空间格局。进一步分析，在全国 31 个省、自治区、直辖市中，北京和上海的水平高，得分处于 0.7 以上，且呈不断上升的态势。根据表 3-10 的经济结构转型升级水平等级划分标准，北京和上海已经处于高水平阶段。东部地区的天津、广东、江苏、浙江等地的综合得分水平也较高，2017 年分别达到 0.5963、0.5949、0.5739 和 0.5533，经济结构转型升级已进入良性的稳步推进阶段。中部地区的水平大多处于 0.4~0.5 的区间，经济结构转型升级呈逐渐加速的态势。东北地区和西部地区的经济结构转型升级进展比较缓慢，效果不够明显，特别是新

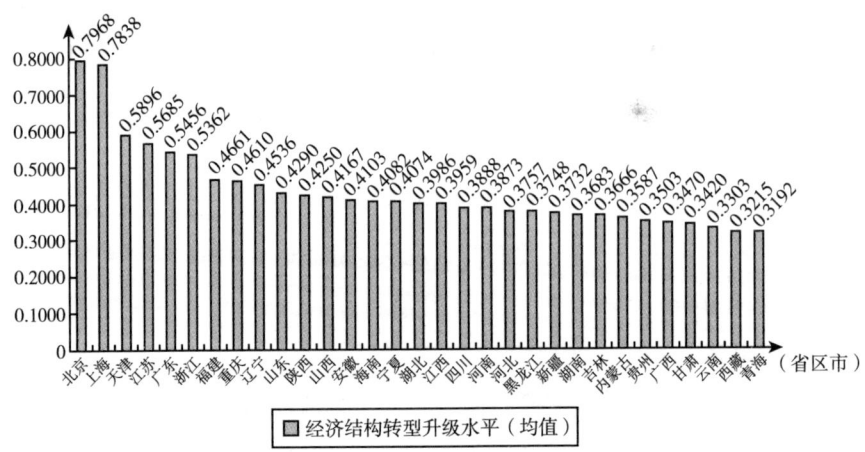

图 3-3 2012~2017 年各地区经济结构转型升级平均水平

疆、广西、甘肃、青海、西藏、云南等地,经济结构转型升级水平远远落后于全国平均水平。

(二) 西部地区的纵向时序分析

根据西部地区历年经济结构转型升级效果评价指数测算结果,绘制图3-4。总体上,近年来西部地区经济结构转型升级也在不断推进并取得了明显成效。例如,2012~2014年提升幅度比较大,但是部分地区从2015年开始出现经济得分下滑的趋势,其中甘肃、广西、贵州等省份表现得比较明显。此外,西部地区整体的得分水平并不高,2017年的综合得分仅为0.3889,还处于低水平的起步阶段。具体来看,除重庆市的平均得分为0.4610外,只有宁夏、陕西达到了0.4000这一临界值,其他省份都处在0.4000以下的低水平阶段。虽然近年来国家给予西部地区政策倾斜和支持力度不断加大,但受到资源环境、基础设施、创新能力、人才资源等条件的限制,西部地区经济发展的传统路径依赖依然较强,经济结构转型升级任重而道远。

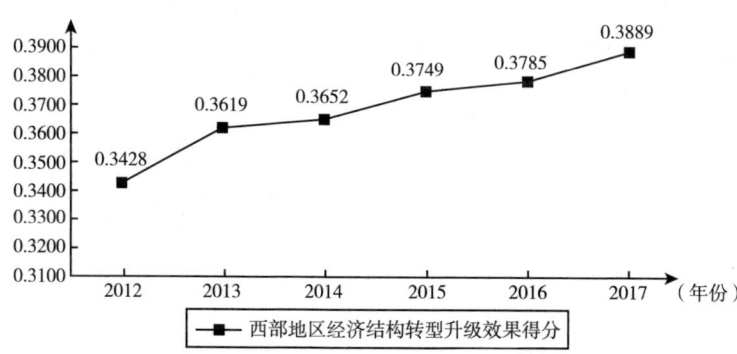

图3-4 西部地区经济结构转型升级效果的纵向变化

在对西部地区经济结构转型升级综合效果进行考察的基础上,我们进一步探讨了历年各子系统得分的变化情况,如图3-5所示。可以看到,质量和效率、保障和支撑条件、创新能力、开放能力等子系统的得分均为正值且呈现稳步上升趋势,这表明,近年来西部地区经济结构转型升级取得了较大成绩。其中，质量和效率成为西部地区经济结构转型升级取得成效的集中表现。绿色化能力得分在2013~2015年出现短期下降，这主要是因为期间大多数地区的空气质量达标天数有所减少。随着污染防治攻坚战的大力推进，从2015年开始，西部地区绿色化能力的得分开始出现明显上升趋势。值得注意的是，西部地区整体上基础制度环境的得分为负，且在2012~2015年呈加剧下滑趋势，在2016年才开始收窄。这表明市场化程度不高成为影响西部地区推动经济结构转型升级的关键因素。此外，近年来虽然西部地区保障和支撑条件、创新能力、绿色化能力、开放能力和共享能力都对推动经济结构转型升级发挥了正向促进作用。但是，从态势看，都出现了得分放缓的迹象。从实际情况看，我国西部大多数省区市经济发展也开始遇到一些矛盾和困难，表面上是速度问题，但深层次还是结构问题和质量问题。因此，要从长期大势中认识当前形势，下决心把结构调整过来、把动能转换过来、把质量提升上去。

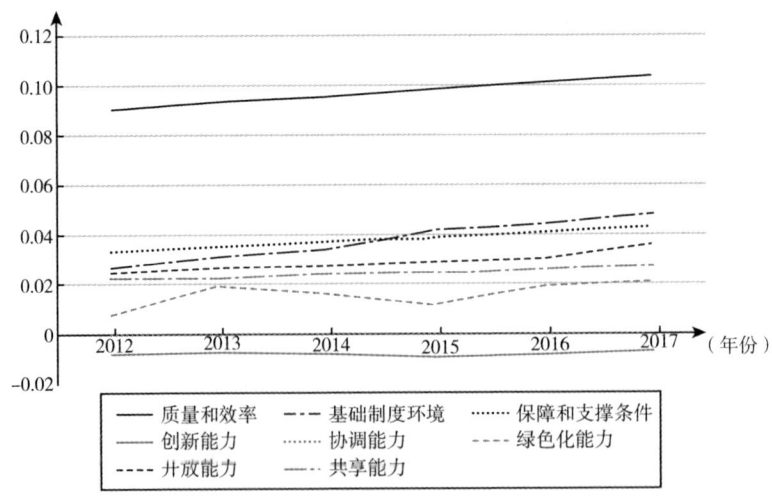

图3-5 西部地区经济结构转型升级各子系统得分变化趋势

（三）西部地区与其他地区横向对比分析

为能够直观了解西部地区与其他地区在经济结构转型升级方面存在

的差异，我们分别测算了 2012~2017 年中国东、中、西、东北地区"四大板块"的经济结构转型升级效果平均值，具体如图 3-6 所示。从区域协调发展的角度来看，在经济结构转型升级方面，"四大板块"存在显著的空间分异特征，区域间不平衡、不协调问题较为突出。其中，东部地区整体经济结构转型升级水平最高，按照表 3-10 的经济结构转型升级等级划分标准，东部地区整体经济结构转型处于正常水平，2017 年综合得分为 0.5670。其中，北京和上海两市经济结构转型升级已处于高水平阶段，2017 年综合水平得分分别为 0.8183 和 0.7837。2017 年，中部地区和东北地区经济结构转型升级水平相近，综合得分分别为 0.4108 和 0.4138，经济结构转型升级水平处于轻度落后阶段。与之相比，西部地区整体经济结构转型升级进程缓慢，效果不明显。在整个样本考察期间，西部地区整体经济结构转型升级均较为滞后，各子系统平均得分也落后于其他地区。以 2017 年为例，西部地区整体经济结构转型升级综合得分仅有 0.3889，远低于全国平均水平，处于低水平转型阶段。其中，新疆、广西、甘肃、青海、西藏、云南等地区综合得分不及北京和上海的一半，甚至低于西部地区均值。从时间趋势来看，"四大板块"的经济结构转型升级效果综合得分之间的差距并未呈现出明显的逐年缩小趋势，这将不利于区域协调发展，应引起高度重视。

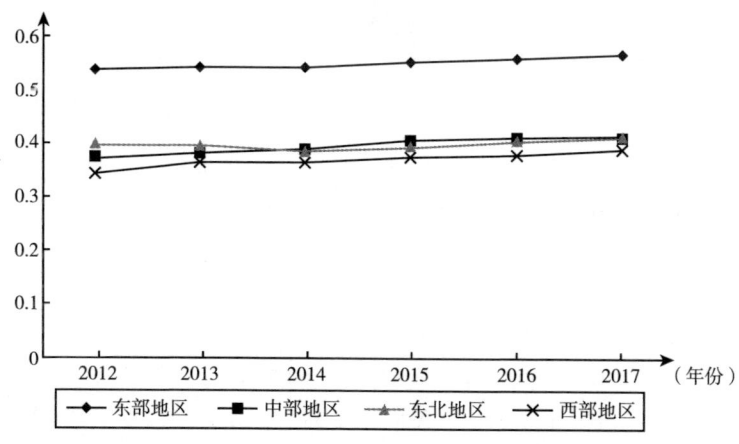

图 3-6 经济结构转型升级水平的横向比较

为了进一步探究西部地区与东部地区在经济结构转型升级水平上的差距,绘制了表3-11。从表3-11中可以看出,西部地区与东部地区在经济结构转型升级上的差距主要来自创新能力、协调能力、开放能力。例如,2017年东部地区创新能力、协调能力、开放能力分别约是西部地区的2.68倍、3.17倍和2.70倍。创新能力方面,西部地区无论是科学研究与试验发展经费投入强度、科学研究与试验发展人员投入力度,还是创新产出、创新效率均落后于东部地区。受主客观等因素的影响,我国西部地区创新能力与东部地区差距非常大。协调能力方面,西部地区城镇化率、城乡收入协调水平、城乡消费协调水平等也整体低于东部地区。开放能力方面,西部地区在外资开放度、外贸开放度以及货物和服务贸易质量等方面与东部相比也普遍存在较大差距。在绿色化能力和共享能力方面,西部地区虽然整体仍然落后于东部地区,但这两个子系统的趋势良好,与东部地区的差距有缩小的趋势。这表明,近年来西部地区贯彻绿色发展理念,着力推动生态文明建设,加大生态系统保护力度和污染防治攻坚力度,在生态环保、污染治理方面取得了不错成绩,同时西部地区在改善居民健康、教育、医疗、文化等福利保障以及脱贫攻坚方面也取得了积极成效。

表3-11　　2012~2017年东、西部地区经济结构转型升级各子系统得分对比

年份	地区	质量和效率	基础制度环境	保障和支撑条件	创新能力	协调能力	绿色化能力	开放能力	共享能力
2012	西部	0.0890	-0.0049	0.0350	0.0297	-0.0002	0.0075	0.0242	0.0231
	东部	0.1235	-0.0006	0.0611	0.1065	0.0012	0.0162	0.0941	0.0405
2013	西部	0.0935	-0.0078	0.0354	0.0310	-0.0001	0.0190	0.0262	0.0223
	东部	0.1259	-0.0011	0.0628	0.1116	0.0015	0.0181	0.0920	0.0377
2014	西部	0.0952	-0.0082	0.0366	0.0343	0.0001	0.0161	0.0271	0.0238
	东部	0.1282	-0.0009	0.0641	0.1134	0.0017	0.0200	0.0876	0.0391
2015	西部	0.0984	-0.0095	0.0386	0.0418	0.0003	0.0117	0.0290	0.0248
	东部	0.1307	-0.0009	0.0680	0.1210	0.0018	0.0158	0.0883	0.0408

第三章 我国西部地区经济结构转型升级效果评价

续表

年份	地区	质量和效率	基础制度环境	保障和支撑条件	创新能力	协调能力	绿色化能力	开放能力	共享能力
2016	西部	0.1010	-0.0088	0.0408	0.0443	0.0004	0.0186	0.0301	0.0257
	东部	0.1343	-0.0009	0.0699	0.1242	0.0018	0.0243	0.0919	0.0426
2017	西部	0.1037	-0.0069	0.0432	0.0477	0.0006	0.0208	0.0361	0.0270
	东部	0.1360	-0.0010	0.0713	0.1276	0.0019	0.0303	0.0976	0.0441

（四）西部地区内部省、自治区、直辖市的比较分析

为了深入分析西部各省、自治区、直辖市之间在经济结构转型升级水平上存在的差异，绘制了图3-7。总体上，西部大多数地区的综合得分水平并不高，处于低水平阶段。目前，只有重庆、陕西和四川的综合得分处在较高的水平，其他都处于低水平阶段。当然，通过观察图3-7可以发现，从趋势看，西部各地区的经济结构转型升级水平也呈缓慢上升态势，这既是当前面临的困境所在，也表明西部地区未来推动经济结构转型升级潜力仍然十分巨大。

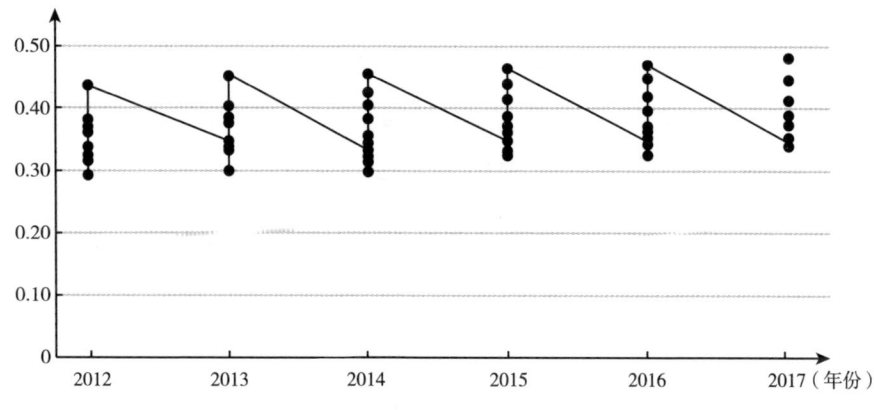

图3-7 西部地区经济结构转型升级综合效果内部比较

注：纵轴为经济结构转型升级效果值。

2017年，西部各地区经济结构转型升级各子系统得分差异如图3-8所示。可以看出，西部地区经济结构转型升级各子系统中差异最大的是

创新能力。重庆作为直辖市,其创新能力一直在西部地区位居前列。除了创新能力外,重庆在保障和支撑条件、开放能力等方面也在西部地区处于领先位置。云南、内蒙古、甘肃、新疆、青海、西藏等地区在保障和支撑条件上的得分都低于西部地区均值,这表明这些地区在基础设施方面仍然存在较多欠账,亟待加强现代基础设施网络体系建设,加快补齐短板。此外,广西、西藏、云南、甘肃、内蒙古、新疆、青海等地区在开放能力上的得分也均低于西部地区均值,这些地区吸引外资和对外投资规模都较小且层次不高,"引进来"和"走出去"的质量和效益有待提高,同时为了吸引外资,这些地区的营商环境也亟待优化。

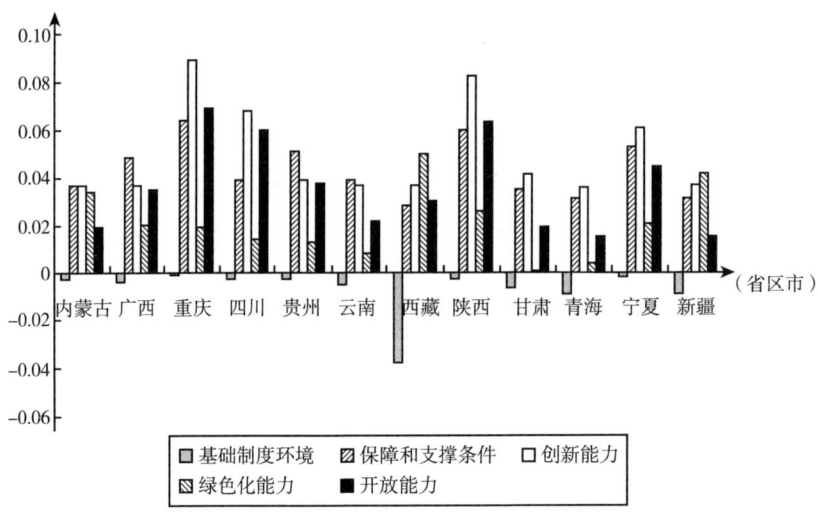

图3-8 2017年西部各地区经济结构转型升级各子系统得分差异

第四章　西部地区经济结构转型升级影响因素分析：基于"资源诅咒"视角

在多维度评价西部地区经济结构转型升级效果基础上，本章尝试从"资源诅咒"视角来探讨西部地区经济结构转型升级进展缓慢和面临困境的影响因素，进而为后续推动经济结构转型升级的思路确定和政策选择提供决策依据。

第一节　西部地区经济结构转型升级中的"资源诅咒"制约

一、相关问题概述

一个国家或地区推动经济发展离不开自然资源禀赋条件，对于自然资源在国家或地区经济发展中的作用，学术界存在两种相互对立的看法。

一是"福音说"。亚当·斯密和大卫·李嘉图时代认为，油气等自然资源是经济增长的物质基础和条件，一个国家或地区可以依靠丰裕的油气等自然资源来实现经济起飞和持续的经济增长，进而自然资源丰裕是国家或地区经济发展的"福音"（Brunnschweiler & Bulte, 2008；王成，2010；Badeeb et al., 2017；李江龙和徐斌，2018）。

二是"诅咒说"。这种理论认为,资源丰裕程度并不是一个国家或地区经济起飞和持续增长的充分条件,资源丰裕对制造业部门的挤出,反而可能引发寻租和腐败进而无法构建高质量的制度体系,而且自然资源产品价格天然的波动性会导致经济大幅度波动,这会引发经济绩效低下的结果(Auty,1993,2007;张复明和景普秋,2006;邵帅和齐中英,2008;Frankel,2010;Ploeg,2011)。

关于"资源诅咒"假说,国内外都开展了大量实证研究。例如,奥蒂(Auty,1993)发现资源丰裕的国家似乎无法利用其富裕的资源来促进经济增长,甚至会慢于资源贫瘠的国家,基于此首次提出了"资源诅咒"假说。萨克斯和沃纳(Sachs & Warner,1995;1999;2001)的研究结果表明,国家经济的资源产业依赖与其经济增长速度之间存在负相关关系,这一结果在控制初始人均国内生产总值、政府效率和投资率等对于经济增长至关重要的变量后仍然成立。一些基于国际数据或一国内部数据的研究结果同样发现"资源诅咒"现象的存在(Sala-i-Martin & Subramanian,2003;Papyrakis & Gerlagh,2007;邵帅和齐中英,2008;邵帅和杨莉莉,2010;夏飞和曹鑫,2014;Ji et al.,2014;王嘉懿和崔娜娜,2018),从而为"资源诅咒"假说提供了更为多样化的经验证据。这一期间,一些研究成果对"资源诅咒"假说在指标选取、样本区间选取和计量方法等方面表示了质疑。例如,布鲁奇维尔和布尔特(Brunnschweiler & Bulte,2008)区分资源产业依赖(流量指标)和资源丰裕度(存量指标)后,发现作为存量指标的资源丰裕度反而促进经济增长。方颖等(2011)利用中国城市层面的数据,以人均指标度量资源丰裕度时发现"资源诅咒"在中国城市层面不成立。阿列克谢耶夫和康拉德(Alexeev & Conrad,2009)、格雷尔马和小谷(Gerelmaa & Kotani,2016)认为样本区间的选取导致了"虚幻"的资源产业依赖与经济增长的负相关关系,如将样本延长到2010年后,"资源诅咒"假说不再成立,并指出其原因在于不同时期经济的产业构成差异(James,2015)。再如,史密斯(Smith,2015)认为以往"资源诅咒"验证文献中主要使用的截面回归研究设计可能存在内生性问题而导致估计偏误，其利用准实验方法克服内生性问题后得出的结果发现资源丰裕度反而是促进经济增长的一个重要因素。

还有部分研究认为"资源诅咒"是有条件存在的。例如，霍德勒（Hodler，2006）、鲁宾逊等（Robinson et al.，2006）、梅拉姆和摩恩（Mehlum & Moene，2006）、埃雷加和梅萨甘（Eregha & Mesagan，2016）等的研究发现，资源丰裕度与经济增长的关系取决于制度质量，在资源丰裕且制度质量较高的国家，资源丰裕度显著地促进了经济增长。胡援成和肖德勇（2007）、刘耀彬等（2015）、劳和莫拉德贝吉（Law & Moradbeigi，2017）的研究结果发现，一国人力资本或金融体系的发展水平等是决定"资源诅咒"是否存在的关键因素。邵帅等（2013）认为，资源丰裕与经济增长之间存在倒"U"型关系，而其转折点取决于制造业发展、对外开放程度和市场机制的完善等因素。

上述关于"资源诅咒"假说相关文献的梳理表明，"资源诅咒"假说获得了部分文献的支持也遭受了多方质疑。例如，哈夫拉奈克等（Havranek et al.，2016）对于"资源诅咒"假说相关文献的分析也表明，其收集的文献样本中大约40%的文献验证了"资源诅咒"假说的存在，但也有大约20%的文献否定了"资源诅咒"假说的存在，其余的文献发现资源丰裕与经济增长之间不存在统计上的显著相关关系。但正如卡尔（Karl，2005）、柏迪波等（Badeeb et al.，2016）强调的，即使最支持"资源诅咒"假说的学者也并不认为遭受"资源诅咒"的国家或地区如果不存在丰富的资源禀赋时其状况会更好，"资源诅咒"假说真正关心的是遭受"资源诅咒"的资源丰裕国家或地区为什么没有利用好其资源禀赋优势来实现经济繁荣。这可能才是讨论这一话题的本质所在。

相对于东部地区优异的地理区位和发展基础与规模，我国西部地区最大的优势可能是资源丰裕。那么，在西部地区经济发展中是否存在"资源诅咒"并成为影响其经济结构转型升级的关键制约因素呢？从西部地区经济结构转型升级态势和进程看，答案是肯定的。如果"资源诅咒"在西部地区结构转型升级中确实存在,那么"资源诅咒"又是通过哪些机制和渠道来影响的?这是本章需要回答的两个关键性问题。

二、西部地区的资源禀赋条件

按照国家统计局的最新划分方法,我国西部地区的国土面积达到685万平方千米,占我国国土面积的比重约为71.4%,具体包括内蒙古、广西、重庆、四川、贵州、云南、西藏、陕西、甘肃、青海、宁夏、新疆12个省、自治区、直辖市。2018年,西部地区生产总值18.4万亿元,约占全国生产总值的比重为20.6%。

矿产资源基础储量方面,按照国家统计局公布的最新数据,截至2016年底全国各省、自治区、直辖市主要矿产资源基础储量见表4-1;西部地区主要矿产资源基础储量占全国的比重如图4-1所示。从中可见,西部地区是我国名副其实的资源富集地区。其中,8种主要矿产的基础储量中占比超过40%的多达7个,超过80%的有5个。按矿产资源类别看,能源资源储备优势非常明显,能源资源中天然气资源占比超过80%,煤炭和石油超过40%;在我国一次能源中,对于占比最高的煤炭资源,基础储量超过100亿吨的5个省(自治区)中有4个在西部地区。其余矿产资源,除铁矿石外,西部地区的占比都高达80%以上,几乎占据压倒性的优势。分省份看,综合型的资源大省(自治区),如内蒙古、陕西和贵州等都在西部地区。

矿产资源的生产能力方面,以数据较为全面和"资源诅咒"主要关注的煤炭、原油和天然气等能源资源为例,西部地区的资源优势同样非常明显。如图4-2所示,近10年来,西部地区生产了全国近60%的原煤,考虑近年来煤炭资源在我国一次能源中的占比接近70%,西部地区在能源资源生产中的优势是非常明显的。除煤炭资源外,在其他能源资源的生产中,西部地区所占比重依然很高,天然气的生产超过了80%,原油的生产也在1/3以上。从近年的趋势来看,除天然气产量占全国的比重在80%附近略有下降外，西部地区原煤和原油的产量占全国的比重从2015年开始一直处于上升期，占一次能源主导地位的原煤生产占比更是明显上升。可见，近年来西部地区的资源优势还具有进一步加强趋势。

表4-1 截至2016年底我国各省、自治区、直辖市主要矿产资源基础储量

地区	省区市	煤炭（亿吨）	石油（万吨）	天然气（亿立方米）	铁矿石（亿吨）	锰矿石（万吨）	铬矿石（万吨）	钒矿石（万吨）	原生钛铁矿（万吨）
东部	北京	2.66	—	—	1.45	—	—	—	—
	天津	2.97	3349.9	274.91	—	—	—	—	—
	河北	43.27	26576.4	338.03	26.59	7.05	4.64	6.66	212.94
	上海	—	—	—	—	—	—	—	—
	江苏	10.39	2729.5	23.31	1.62	—	—	4.13	—
	浙江	0.43	—	—	0.59	—	—	3.76	—
	福建	3.98	—	—	3.07	111.78	—	—	—
	山东	75.67	29412.2	334.93	9.60	—	—	—	899.82
	广东	0.23	16.4	0.59	0.92	76.25	—	—	—
	海南	1.19	452.3	24.35	0.84	—	—	—	—
中部	山西	916.19	—	413.75	16.47	20.09	—	—	—
	安徽	82.37	238.5	0.25	8.59	4.06	—	7.32	—
	江西	3.36	—	—	1.42	—	—	6.52	—
	河南	85.58	4427.0	74.77	1.69	3.62	—	—	0.46
	湖北	3.20	1185.9	46.87	4.35	607.45	—	29.94	1053.23
	湖南	6.62	—	—	2.00	1957.92	—	2.90	—
西部	内蒙古	510.27	8381.3	9630.49	18.17	567.55	56.29	0.77	—
	广西	0.90	154.0	1.58	0.30	17388.59	—	171.49	—
	重庆	18.03	266.9	2726.90	0.12	1380.14	—	—	—
	四川	53.21	623.4	13191.61	27.02	206.34	—	598.55	20850.86
	贵州	110.93	—	6.10	0.17	4886.87	—	—	—
	云南	59.58	12.2	0.47	4.24	1196.81	—	0.07	3.12
	西藏	0.12	—	—	0.17	—	158.47	—	—
	陕西	162.93	38375.6	7802.50	3.97	288.11	—	7.18	—

续表

地区	省区市	煤炭（亿吨）	石油（万吨）	天然气（亿立方米）	铁矿石（亿吨）	锰矿石（万吨）	铬矿石（万吨）	钒矿石（万吨）	原生钛铁矿（万吨）
西部	甘肃	27.32	28261.7	318.03	3.24	357.52	141.24	112.32	—
	青海	12.39	8252.3	1354.44	0.03	—	3.68	—	—
	宁夏	37.45	2432.4	274.44	—	—	—	—	—
	新疆	162.31	59576.3	10251.78	8.26	562.43	42.86	0.16	44.67
东北	辽宁	26.73	14351.6	154.54	50.96	1410.60	—	—	—
	吉林	9.71	17500.6	731.25	5.02	0.40	—	—	—
	黑龙江	62.28	42665.8	1302.33	0.34	—	—	—	—

注："—"表示产量为0。
资料来源：笔者根据《中国统计年鉴（2017）》整理。

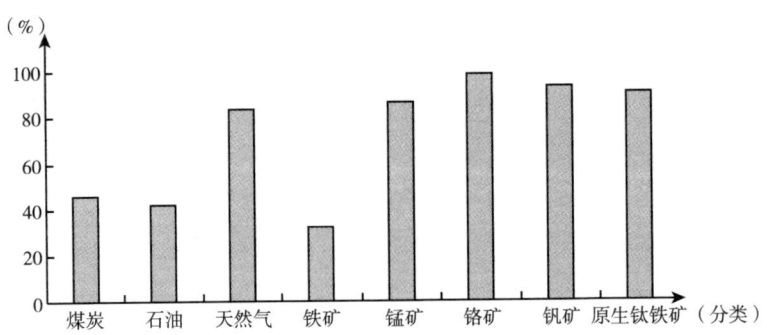

图4-1 西部地区主要矿产资源基础储量占全国的比重

资料来源：笔者根据《中国统计年鉴（2017）》数据绘制。

发展趋势方面，在我国保障能源资源安全核心区域的能源资源基地规划建设中，西部地区发挥着不可替代的重要作用。如图4-3所示，为103个能源资源基地在我国各区域的分布情况，可知西部地区在我国能源资源基地规划和建设中占据绝对的主导地位，除黑色金属矿产资源基地数量与中部地区接近外，能源、有色金属、非金属和战略性新兴产业矿产类别的能源资源矿产基地均占绝大多数。

第四章 西部地区经济结构转型升级影响因素分析：基于"资源诅咒"视角

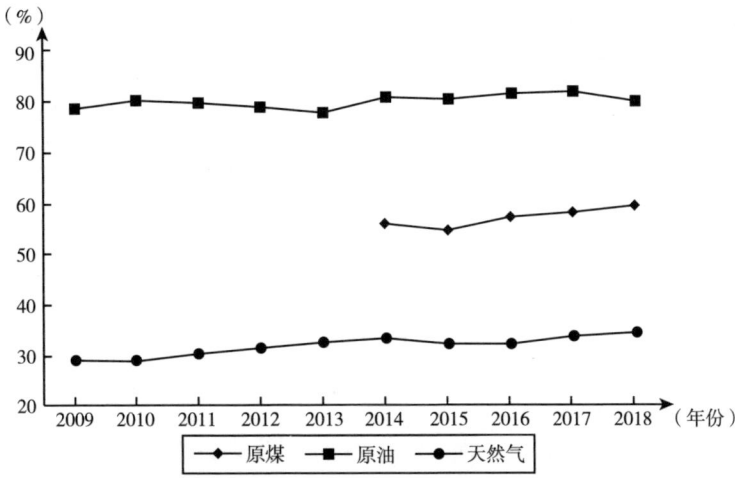

图4-2 西部地区主要占全国能源资源产量的比重（2009~2018年）

注：国家统计局暂未公布2009~2013年分省份的原煤产量，所以图中相应数据缺失，2018年数据根据统计局的月度数据累加得到。

资料来源：历年的《中国统计年鉴》。

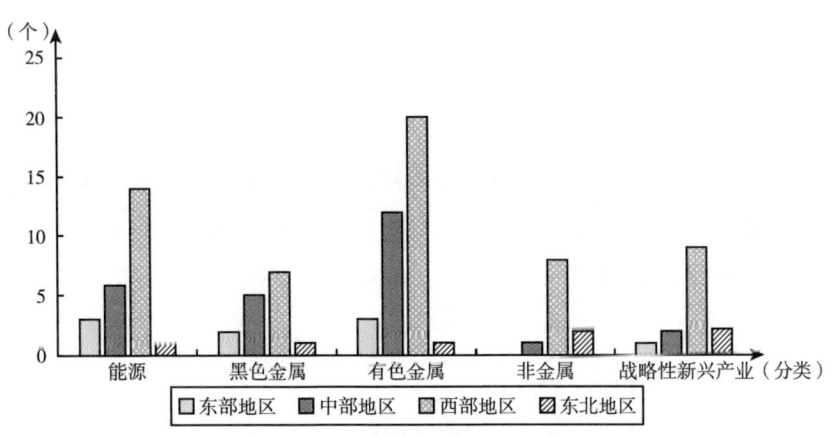

图4-3 能源资源基地在各区域的分布

资料来源：笔者根据《全国矿产资源规划（2016~2020年）》中能源资源基地名录整理绘制。

三、西部地区经济发展中存在"资源诅咒"的经验证据

"资源诅咒"现象是否存在的实质是地区经济发展中是否利用好了

自身的自然资源禀赋,或者说相对于自身自然资源禀赋其经济发展水平的偏离程度,据此可以构建"资源诅咒"指数对地区经济发展中是否存在"资源诅咒"及其程度进行实证检验。具体地,参照姚予龙等(2011)的做法,借鉴地区经济发展中的区位熵的测算方法来构建资源诅咒指数,见式(4-1)。

$$RCI = \frac{RO_{it}/\sum_{i=1}^{n} RO_{it}}{RDP_{it}/\sum_{i=1}^{n} RDP_{it}} \quad (4-1)$$

式中,RCI 为"资源诅咒"指数;i、t 分别为地区和时间;n 为地区数量;RO 为衡量资源产出的指标;RDP 为衡量地区经济增长的指标。在资源产出指标的选取上,自从"资源诅咒"在油气资源国家案例研究中提出起,已有文献主要关注的是不可再生的油气资源(Badeeb et al., 2016),本书遵循这一传统。因此,本书选择一次能源资源的产量作为资源产出的衡量指标,但考虑各种能源产出的可比性,根据国家统计局的公式换算成以标准煤为单位的产出。具体而言,原煤的换算系数为 0.7143,原油的换算系数为 1.4286,天然气的换算系数为 13.3。同时,基于中国现实能源使用情况的研究表明,第一产业、第三产业的产出与能源消费负相关,而第二产业的产出与能源消费正相关,且第二产业消费了中国绝大部分能源(沈镭等,2015;张伟等,2016;邹璇和王盼,2019),本书选择更能反映资源禀赋对经济发展贡献的第二产业的产值作为地区经济增长的衡量指标。

基于上述"资源诅咒"指数的计算公式,利用我国 2000~2017 年的省级数据测算了西部地区各省份的"资源诅咒"指数,其中一次能源产量和第二产业产值数据来源于历年《中国统计年鉴》和各省份的统计年鉴,具体结果见表 4-2。

由于"资源诅咒"指数反映了地区的资源禀赋优势是否有效地转化成经济发展的优势,当该指数小于 1 时,其地区的经济产出份额占比是大于其资源禀赋占比的,则该地区经济发展过程中并不存在"资源诅咒"

表4-2　　　2000~2017年中国西部地区各省资源诅咒指数

省区市	2000年	2001年	2002年	2003年	2004年	2005年	2006年	2007年	2008年
内蒙古	4.1525	4.1615	3.6605	3.7565	4.2940	4.7752	4.5913	4.6354	4.8884
广西	0.3202	0.2527	0.1825	0.1250	0.1261	0.1548	0.1377	0.1217	0.0753
重庆	0.4964	0.7353	0.3929	0.4109	0.4179	0.7742	0.8056	0.7757	0.6331
四川	0.8771	1.2649	0.8250	0.7871	0.8280	1.1682	1.1258	1.1810	1.0358
贵州	3.1519	3.6404	3.1674	4.1507	4.4813	4.3541	4.4626	4.0526	3.8954
云南	0.3989	0.8888	0.3921	0.4057	0.4142	1.5082	1.5666	1.6008	1.6045
陕西	1.6498	2.8444	2.6547	2.7068	2.5782	3.4345	3.5484	3.7792	3.7381
甘肃	1.3502	1.3425	1.3625	1.4553	1.4230	1.4885	1.4704	1.3329	1.2795
青海	1.7497	1.8541	1.7779	1.8142	1.7466	1.8228	1.7781	2.0715	2.0760
宁夏	5.1446	3.8063	3.3850	3.1153	3.0646	3.0598	3.4345	3.4923	3.1883
新疆	4.3616	4.1567	3.2816	2.9334	2.6328	3.0405	3.0879	3.5615	3.6332

省区市	2009年	2010年	2011年	2012年	2013年	2014年	2015年	2016年	2017年
内蒙古	5.3608	6.2000	6.7201	6.7901	6.6015	6.6861	6.4593	8.1250	11.9107
广西	0.0682	0.0849	0.0766	0.0696	0.0707	0.0601	0.0416	0.0527	0.0591
重庆	0.5702	0.5293	0.4350	0.3436	0.4115	0.3788	0.3803	0.3535	0.2327
四川	0.8597	0.7931	0.7177	0.6520	0.4785	0.5457	0.5486	0.7153	0.6850
贵州	4.2329	4.4488	3.9202	3.8789	3.4309	2.9334	2.6442	2.9738	2.6568
云南	0.9892	1.5203	1.4525	1.3480	1.3127	0.5441	0.6116	0.6618	0.6140
陕西	4.1487	4.2732	4.1869	4.2363	4.3999	4.3018	4.7577	5.7311	5.7191
甘肃	1.1959	1.2158	1.1200	1.1078	1.0320	1.0332	1.1580	1.4152	1.2925
青海	1.9628	2.3140	2.1357	2.2127	2.5432	1.7456	1.2610	1.5518	1.7641
宁夏	3.7923	4.1305	4.2744	4.2866	4.2447	3.9276	3.7063	3.9060	4.0359
新疆	4.0670	3.8152	3.6943	4.1907	4.2543	3.9923	4.6507	5.9957	5.5305

注：由于西藏地区数据缺失较多，故未能涵盖。
资料来源：笔者根据历年《中国统计年鉴》和各省的统计年鉴数据计算。

现象。反之，如果"资源诅咒"指数大于1，则该地区经济发展过程中存在"资源诅咒"现象，且指数值越大，其经济产出份额与其资源禀赋份额的偏离程度越大，"资源诅咒"程度越严重。总体上，样本期内西部地区各省份的"资源诅咒"指数均大于2，"资源诅咒"现象在西部地区显著存在，且从演变趋势来看，震荡上升，"资源诅咒"的程度正逐年恶化，见表 4-2。进一步分省份来看，如图 4-4 所示，给出了样本期内各省份样本期内"资源诅咒"的均值，可知资源禀赋相对更为丰裕的内蒙古、贵州和陕西等资源大省（自治区）不仅存在"资源诅咒"现象，而且程度比较严重，这表明西部地区的一些省份确实存在着"资源诅咒"现象。

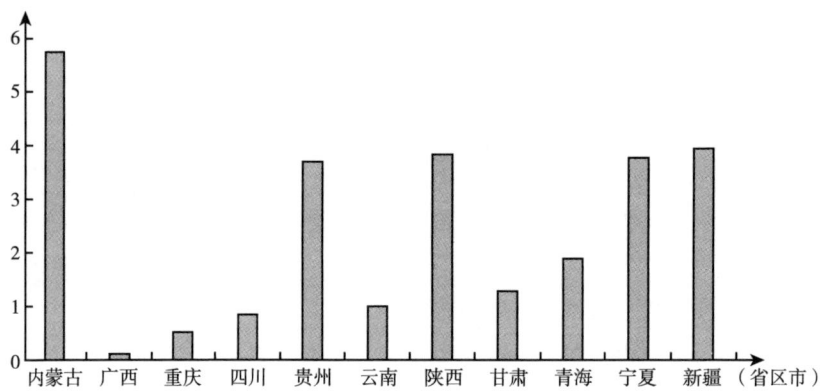

图 4-4　西部地区各省份 2000~2017 年平均"资源诅咒"指数

注：由于西藏地区数据缺失较多，故未能涵盖。

资料来源：笔者绘制。

第二节　"资源诅咒"影响地区经济结构转型升级的理论探讨

上述分析表明，我国西部地区具有明显的资源富集优势并在其经济发展过程中遭遇了"资源诅咒"现象。同时，相对于资源较为贫瘠的东部地区而言，西部地区转型升级的进程已远远落后。那么，"资源诅咒"是否是影响和制约西部地区经济结构转型升级的关键因素？或者说，西部地区经济结构转型升级过程中是否有效利用好了自身的资源丰裕优势？为此，本节首先通过一个散点图初步观察"资源诅咒"与西部地区经济结构转型升级的关系，再基于内生经济增长理论构建一个包含资源开发、创新和制造在内的三部门模型来考察"资源诅咒"影响地区经济结构转型升级的作用机制和效应。

一、特征事实

为了形成"资源诅咒"现象影响经济结构转型升级的初步认识,在构建理论分析框架前,先看一组西部地区经济发展和结构转型升级过程中的特征事实。根据前述我国西部地区经济结构转型升级总水平和西部地区"资源诅咒"指数,给出了基于我国西部地区省际数据绘制的两者之间的散点图和拟合线,如图4-5所示,西部地区的经济结构转型升级进程与"资源诅咒"程度间存在明显的负相关关系,即随着"资源诅咒"程度的提高,西部地区的经济结构转型升级进程变得非常缓慢。

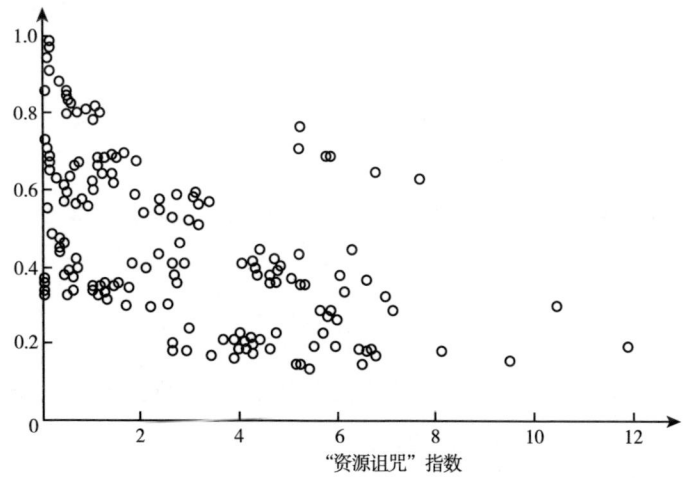

图4-5 西部地区"资源诅咒"指数与经济结构转型升级指数

资料来源:笔者绘制。

这一经验事实初步说明,我国西部地区在其经济发展和经济结构转型升级过程中并未利用好其资源禀赋条件,自然资源丰裕度正在成为影响和制约其经济结构转型升级的严重障碍。但是,"资源诅咒"是如何影响经济结构转型升级进程的?其背后又有哪些作用机制?基于此,本书基于内生经济增长理论中的熊彼得模型（the schumpeterian model）构建了一个包含资源开发、创新和制造的三部门模型，对此进行深入考察。

二、基本设定

作为一个区域经济体，时间是离散的，以 $t = 1, 2, 3\cdots$ 表示。消费者总量标准化为1，每期无弹性提供一单位劳动。消费者是风险中性的，用其劳动收入消费最终品，目标是最大化预期消费。经济体中包含三个部门和三种产品：资源开发部门及其生产的资源产品；创新部门及其提供的中间产品和制造部门；其生产的最终产品。其中，资源生产部门基于自然资源禀赋，使用劳动力生产资源产品，并基于外生给定的价格向外销售获得最终品并将其用于消费或生产；创新部门基于已有中间品，使用最终投入进行创新以提升中间品的质量；制造部门使用创新部门提供的中间品和劳动力来生产最终产品。

（一）制造部门

制造部门使用科布—道格拉斯形式的生产技术来生产最终产品，并在完全竞争的市场上出售。

$$Y_t^m = A_t \phi^{1-\alpha} \qquad (4-2)$$

式中，t 为时间下标；Y^m 为制造部门的总产出；ϕ 为制造部门劳动力占劳动力禀赋的比重，即制造部门的劳动投入；A 为反映中间品质量的中间品生产率水平；x 为制造部门使用的中间品数量；α 为产出弹性，$0 < \alpha < 1$。

（二）创新部门

创新部门生成制造部门必需的中间品，可将其视为提供独家设计方案的厂商，具有垄断势力。为分析简便，参照罗默（Romer, 1990）、邵帅和杨莉莉（2011）等的设定，创新部门中间品的生产是一对一的。创新部门的创新体现在其可以使用最终品投资于研发提升中间品的质量，借鉴阿吉翁和豪伊特（Aghion & Howitt, 1992）的质量阶梯（Quality Ladder）设定：创新是存在不确定性的，创新部门创新成功后能将中间品的质量由 A_{t-1} 提升到 A_t，$A_t = (1+\theta)A_{t-1}$，其中 $\theta > 0$；但如果创新失败，则中间品质量仍为 A_{t-1}。

但是，创新部门可以通过增加研发投入来提高创新成功的可能性。当研发投入为 R_t 时，创新成功的可能性 φ_t 为：

$$\varphi_t = \delta (R_t / A_t^*)^\beta \qquad (4-3)$$

式中，δ 为创新部门的创新效率，其值越大，同等投入下创新成功的可能性更大；$\beta \in (0, 1)$，为创新部门的产出弹性，可以看出创新部门的边际收益为正，但随着研发投入的增加，其边际收益是酬递减的；A_t^* 为目标中间品质量，R_t / A_t^* 为研发投入经目标中间品质量平减，意味着技术水平越高，创新的难度越大。

（三）资源开发部门

资源开发部门基于资源储备，投入劳动力生产资源产品，其生成技术同样为科布—道格拉斯形式。

$$Y_t^Z = \kappa(D)(1-\phi)^\alpha \qquad (4-4)$$

式中，Y_t^Z 为资源生产部门的总产出；$(1-\phi)$ 为除去制造部门使用的劳动力 ϕ 后，资源开发部门的劳动投入；α 为产出弹性，$0 < \alpha < 1$；D 为资源储备，$\kappa(D)$ 为资源储备对资源产品产出的影响，可以看作资源产品部门的生产率，满足 $\kappa'(D) > 0$，$\kappa''(D) < 0$，即资源储备越丰富，资源产品的生产成本越低，但生产成本的下降幅度是递减的，即资源产品生产部门的生产率水平随着资源储备的增加而增加，但增加的幅度是递减的。

三、模型求解

创新部门为制造部门提供独家设计方案，具有垄断势力，那么其生产的中间品的价格等于制造部门生产中使用的中间品的边际产品价值，以最终产品作为计价物，由式（4-2）可得中间品的价格为：

$$p_t^c = \partial Y_t^m / \partial x_t = \alpha (A_t \phi)^{1-\alpha} \qquad (4-5)$$

进一步，由于创新部门的中间品生产是一对一，可得给定中间品质量的情况下，创新部门的生产决策为：

$$\max_{x_t} p_t^c x_t - x_t \qquad (4-6)$$

将式（4-5）代入式（4-6），可求得给定中间品质量的情况下创新部门中间品的最优产量 x_t^* 及其利润 $\prod_t^G$ 分别为：

$$x_t^* = \alpha^{\frac{2}{1-\alpha}} A_t \phi \qquad (4-7)$$

$$\prod_t^c = \pi A_t \phi \qquad (4-8)$$

式中，$\pi = (1-\alpha)^{\frac{1+\alpha}{1-\alpha}}$ 为外生的与制造部门产出弹性 α 有关的参数。从式（4-8）可以看出，创新部门的利润与中间品质量 A_t 和制造部门的规模 ϕ 成正比，即创新部门的利润取决于技术水平和制造部门的规模：给定制造部门规模，中间品质量越好，创新部门的利润越大；给定创新部门的中间品质量，制造部门规模越大，创新部门的利润越大。

在现有产品质量的基础上，如果创新部门的一家企业创新成功就能取代现有的中间品提供商。那么根据式（4-3）和式（4-6）可知，创新的期望收益 E_t^c 为创新成功的概率与目标质量水平为 A_t^* 时的利润的乘积。

$$E_t^c(\varphi_t, A_t^*) = \varphi_t \prod_t^c (A_t^*) = \delta (R_t / A_t^*)^\beta \pi \qquad (4-9)$$

创新部门企业在现有技术水平上选择研发投入最大化期望利润，由式（4-9）可得创新部门企业的创新决策问题为：

$$\max_{P_Y} \delta (R_t / A_t^*)^\beta \pi A_t^* \phi \qquad (4-10)$$

求解上述创新决策问题可得创新部门企业的最优研发投入及其创新

第四章　西部地区经济结构转型升级影响因素分析：基于"资源诅咒"视角

成功的概率，分别为：

$$R_t = (\beta\delta\pi\phi)^{\frac{1}{1-\beta}} A_t^* \quad (4-11)$$

$$\varphi_t = \delta(\beta\delta\pi\phi)^{\frac{\beta}{1-\beta}} \quad (4-12)$$

由式（4-11）和式（4-12）可知，给定技术水平下，创新部门研发投入 R_t 和创新成功的可能性 φ_t 都与制造部门的规模 ϕ 成正比，即经济体的技术进步依赖于创新驱动制造部门的规模。若资源开发部门在外生的给定的资源产品价格 P_t^d（以最终产品最为计价物）下进行生产，则区域经济体的工资率为劳动的边际产品价值。考虑劳动力可以在制造部门和资源开发部门自由流动，这也决定了区域经济体的工资率 w。

$$w = \sigma(1-\phi)\kappa(D)(1-\phi)^{\alpha-1} \quad (4-13)$$

最后，可得制造部门的生产决策问题为：

$$\max_{\varphi} (A_t^* \phi)^{1-\alpha} x_t^{\alpha} - w\phi - p_t^c x_t \quad (4-14)$$

将式（4-5）、式（4-7）和式（4-13）代入式（4-14），可求解制造部门的生产决策问题。同时，可得均衡时制造部门的规模占比 ϕ^* 由式（4-15）决定。

$$(1-\phi)^{\alpha-1}[1-(1+\sigma)\phi^*] = \frac{\pi A_t}{\alpha\sigma} \frac{1}{\kappa(D) P_t^d} \quad (4-15)$$

四、"资源诅咒"的影响分析

在上述三部门的经济模型中，制造部门连同为其服务的创新部门所生产的最终品构成了经济体中创新驱动的部分，而资源开发部门基于资源储备生产资源产品出售其他地区换回最终品，是经济体中资源驱动的部分。本书关注的经济结构转型升级，即经济体由资源驱动向创新驱动的转变，可以由创新驱动和资源驱动部分的劳动力规模占比 ϕ^* 刻画。

由式（4-15）可知，刻画经济结构转型升级的 ϕ^* 由资源储备 D 决定。先看式（4-15）左边，令 $F(\phi^*) = (1-\phi)^{\alpha-1}[1-(1+\sigma)\phi^*]$，如图4-6所示，当 $\sigma = 0.5$ 时，$F(\phi^*)$ 与 ϕ^* 之间关系的图形，从中可见，$F(\phi^*)$ 随 ϕ^* 的增加而下降。同时，从式（4-15）右边可知，由于 $K'(D) > 0$，式（4-15）右边部分随着资源储备 D 的增加而下降。因此，如图4-7所示，随着资源储备 D 的增加，经济结构转型升级的进程 ϕ^* 是下降的，即资源丰裕度反而阻碍了地区经济结构的转型升级。出现这

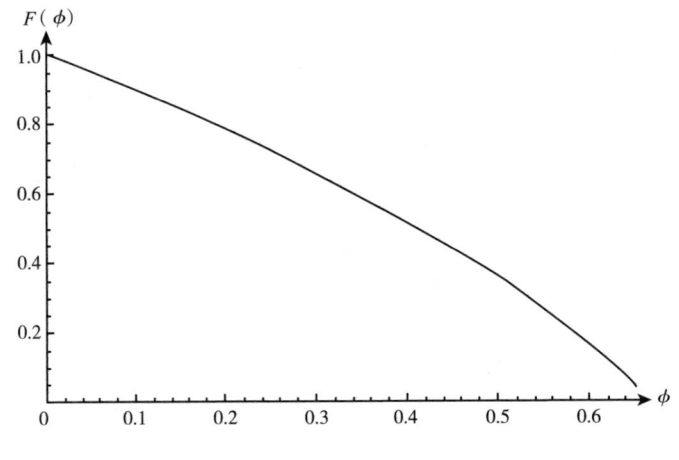

图4-6　$F(\phi^*)$ 与 ϕ^* 关系（$\sigma=0.5$）

资料来源：笔者绘制。

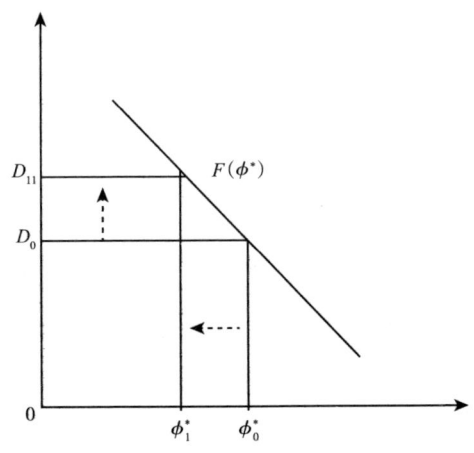

图4-7　资源储备（D）与经济结构转型升级（ϕ^*）

资料来源：笔者绘制。

一结果的原因在于，资源储备的增加提高了资源开发部门的收入，进而吸引更多人员从事资源开发，这对创新驱动的制造部门产生了挤出效应。

在质量阶梯形技术进步设定下，$R_t = (1+\theta)A_{t-1}$。将式（4-15）代入式（4-12）可求得创新部门进而经济体总体的预期技术进步速度为创新成功的可能性和创新成功后技术进步速度的乘积，即：

$$g_t = \varphi_t(\phi^*)\frac{A_t - A_{t-1}}{A_{t-1}} = \delta(\beta\delta\pi\phi^*)^{\frac{\beta}{1-\beta}} \qquad (4-16)$$

由式（4-16）可知，$\partial g_t/\partial \phi^* = \frac{\beta}{1-\beta}\delta(\beta\delta\pi)^{\frac{2\beta-1}{1-\beta}}\theta > 0$，经济总体的技术进步速度随着制造部门规模的缩减而下降。具体来讲，创新部门依赖制造部门的收入进行研发，资源储备的增加将对创新驱动的制造部门产生严重的挤出效应，进一步影响创新部门的研发投入，从而对经济总体的技术进步产生了阻碍。总之，资源储备增加带来的资源开发部门的扩张，不仅从规模上抑制了总体经济的转型升级，而且从质量上抑制了经济总体的技术进步速度。

第三节 "资源诅咒"影响西部地区经济结构转型升级的经验证据

上述基于内生经济增长理论中的熊彼得模型的理论分析框架考察表明，"资源诅咒"可能导致经济结构转型升级进展缓慢。为了获得更为严格的经验证据，对此进行更为详细的实证检验。

一、实证模型

参考萨克斯和沃纳（2001）、邵帅等（2013）和其他学者关于"资源诅咒"检验设定的回归模型，本书构建"资源诅咒"影响西部地区经济结构转型升级进程的基本模型，即：

$$tranup_{it} = \alpha_0 + \beta_1 rescur + X_{it} + \alpha_i \qquad (4-17)$$

式中，i 为个体标识；t 为年份标识；β_1 为常数项；$tranup$ 为西部地区各地的经济结构转型升级指数；$rescur$ 为西部地区各地的"资源诅咒"指数；X 为避免遗漏变量问题的影响而控制的一组控制变量；α_i 为因地区而异但不随时间变化的地区异质性；ε 为随机扰动项。具体而言，根据经济结构转型升级的相关经济理论和以往研究的设定，本书选择的控制变量包括物质资本投资规模（$invest$）、人力资本（$humcap$）、产业结构（$indsrt$）、金融发展（$findev$）和财政支出（$pubfinex$），以及控制总体经济环境的时间虚拟变量。

考虑经济结构转型升级是一个持续的过程，已有的转型升级情况可能会影响随后的经济结构转型进程。在基本回归模型［式（4-17）］的基础上，本书进一步引入西部地区各地的经济结构转型升级结构指数的滞后项 $tranup_{it-1}$，由此得到本书使用的动态面板回归模型，即：

$$tranup_{it} = \alpha_0 + \beta_0 tranup_{it-1} + \beta_1 rescur + X_{it}\gamma + \alpha_i \qquad (4-18)$$

动态面板回归模型［式（4-18）］的解释变量中包含了被解释变量——西部地区各地的经济结构转型升级结构指数的滞后项，而经济结构转型升级是一个持续的过程，滞后项与随机扰动项可能存在的相关，这会使得固定效应估计方法的估计结果存在偏误且是非一致的（Cameron & Trivedi, 2009；陈强，2014）。此时，采用广义矩估计（GMM）估计法对动态面板回归模型［式（4-18）］进行估计更为合适。

在 GMM 估计法中，最早由阿雷利亚诺和邦德（Arellano & Bond, 1991）提出的差分 GMM 估计法虽然在一定程度上缓解了滞后项引入带来的内生性问题，但该估计方法容易产生弱工具变量问题而使得估计结果不稳健。为了弥补差分 GMM 估计法容易产生弱工具变量问题的缺陷，布伦德尔和邦德（Blundell & Bond, 1998）创造性地将差分 GMM 估计法和水平 GMM 估计法相结合，提出了系统 GMM 估计法。这一创造性的改进，不仅解决了差分 GMM 估计法容易产生弱工具变量问题的缺陷，还使得 GMM 估计法具有了更好的小样本性质并提高了估计效率（Cameron & Trivedi，2009；陈强，2014）。系统 GMM 估计法的原理如下。

$$tranup_{it} = \alpha\, tranup_{it-1} + \beta X_{it} + \mu_i + \varepsilon_{it} \quad (4-19)$$

$$\Delta tranup_{it} = \alpha \Delta tranup_{it-1} + \beta \Delta X_{it} + \Delta \varepsilon_{it} \quad (4-20)$$

式（4-19）和式（4-20）分别为水平方程和差分方程。将 $\Delta tranup_{t,t-k}$（$k \geq 2$）作为水平方程中 $tranup_{t,t-1}$ 的工具变量，将 $tranup_{t,t-k}$（$k \geq 2$）作为差分方程中 $\Delta tranup_{t,t-1}$ 的工具变量，在随机扰动项不存在自相关的情况下，由以下矩条件可得到各待估系数的估计值。

$$E(\Delta tranup_{t,t-k} \cdot \varepsilon_{it}) = 0 \ (t = 3,4,\cdots,T, k \geq 2) \quad (4-21)$$

$$E(tranup_{t,t-k} \cdot \Delta \varepsilon_{it}) = 0 \ (t = 3,4,\cdots,T, k \geq 2) \quad (4-22)$$

二、数据说明

接下来对回归模型［式（4-17）和式（4-18）］中涉及的变量的构建和数据来源进行详细说明。本书所使用的数据主要来源于 2000~2017 年西部地区各省、自治区、直辖市历年的统计年鉴。各指标的构建具体如下。

（一）被解释变量与核心解释变量

被解释变量为西部地区经济结构转型升级指数（$tranup$），该指数由基于高质量发展要求的经济结构转型升级评价指标体系测算得到，该指标体系涵盖质量和效率、基础制度环境、保障和支撑条件、创新能力、协调能力、绿色化能力、开放能力与共享能力 8 个子系统共计 48 项细分指标。核心解释变量为西部地区的"资源诅咒"指数（$rescuy$），借鉴地区经济发展中的区位熵的测算方法构建。

（二）控制变量

物质资本投资规模（$invest$）参照李虹和邹庆（2018）的做法，利用全社会固定资产投资衡量。从宏观经济增长来看，固定资产投资所形成的资本是现代经济增长的重要源泉之一，当前转向高质量发展阶段后，投资对经济增长的贡献虽然有所下降，但基础设施建设、产业结构升级和向绿色发展转型仍需要大规模投资。通过定向和更优的投资组合仍可以促进经济结构转型升级。

人力资本（$humcap$）参照邵帅和杨莉莉（2011）的做法，利用16岁及16岁以上人口中大专学历以上人口占的比重进行衡量。人力资本的积累是经济增长的源泉重要源泉之一，在驱动经济结构转型升级过程中具有重要作用的创新和技术进步同样与人力资本的积累密切相关，因此，人力资本是经济结构转型升级的一个重要影响因素。

产业结构（$indstr$）用第二产业增加值占地区生产总值的比重衡量。宏观经济构成中的产业结构反映了经济体基本的产业构成经济结构，是总量层面经济结构转型升级的基础，在整体经济结构转型升级过程中具有基础性的作用。

金融市场发展（$findev$）参照李旭超和申广军（2017）的做法，用非国有企业贷款占生产总值的比重衡量，其值越高则金融资源越多地配置给效率较高的非国有企业，金融市场的发展程度是越高的。金融市场是现代经济发展不可或缺的部分，健全的金融市场可以降低融资成本，并促进资本向高效率部门的配置，从而促进经济结构的转型升级。

财政支出（$pubfinex$）参照李涛和周业安（2008）、唐未兵和伍敏敏（2017）等的做法，用财政支出占生产总值额比重衡量。财政支出是政府为实现其职能而对集中的经济资源进行集中调配和使用，是政府进行经济和社会建设的重要工具，在经济发展和结构转型升级中具有重要作用（严成樑和徐翔，2016）。

三、实证结果分析

基于 2000~2017 年西部地区数据，本书使用混合 OLS 估计方法和固定效应模型估计方法对基本模型［式（4-16）］进行估计，结果见

表4-3的第（1）和第（2）列。从中可见，本书核心关注的"资源诅咒"指数变量（rescuy）的估计系数在1%的显著性水平上显著为负。平均而言，"资源诅咒"指数每变动1单位，地区经济结构转型升级指数将下降约1.18个百分点。这表明，西部地区的"资源诅咒"对经济结构转型升级具有显著的负向影响。

进一步考虑经济结构转型升级是一个持续的过程，各地区已有的转型升级基础可能会影响随后的经济结构转型进程。本书进一步引入西部地区各地的经济结构转型升级结构指数的滞后项，使用系统GMM估计法估计的动态面板模型［式（4-18）］。同时，为了检验工具变量的有效性，本书进行了汉森检验，对于可能存在的工具变量过度识别问题，本书还增加了折叠选项，估计结果见表4-3的第（3）列。其中，AR（1）的P值为0.012，AR（2）的P值为0.534，表明随机扰动项的差分只存在一阶自相关，使用经济结构转型升级指数的一阶滞后是合适的。同时，检验过度识别的汉森检验的P值为0.312，拒绝存在过度识别的原假设。综上，本书系统GMM估计中选取的一阶滞后作为工具变量是有效的。

考虑经济结构转型的持续性特征后，"资源诅咒"指数变量（rescuy）的估计系数仍在1%的显著性水平上显著为负，见表4-3第（3）列。这说明上述"资源诅咒"阻碍西部地区经济结构转型升级，或者说，西部地区经济结构转型升级过程中并未利用好其富裕的自然资源，资源禀赋的发现是较为稳健的。正如理论分析框架中所刻画的，经济发展中对资源产业的过度依赖可能挤出依靠创新驱动的制造部门，并降低技术进步速度，从而阻碍经济结构的转型升级。

从控制变量来看，物质资本投资规模（invest）的估计系数显著为负，即物质资本对经济结构转型升级产生了显著的负向作用，表明物质资本投资并未带来西部地区经济结构的转型升级，物资资本投资有待进一步优化。

人力资本水平（humcap）的估计系数显著为正，即人力资本的积累显

表 4-3　　　　　　　"资源诅咒"与经济结构转型升级

项目	tranup（经济结构转型升级指数）		
	混合 OLS (1)	固定效应 (2)	系统 GMM (3)
rescuy	-1.8053*** (0.4072)	-1.1812*** (0.4065)	-1.4291*** (0.5108)
$tranup_{t-1}$			0.5892*** (0.0688)
invest	-0.0601** (0.0267)	-0.0802* (0.0431)	-0.0764** (0.0300)
humcap	0.839** (0.5610)	0.6035* (0.3101)	0.7811** (0.2572)
indstr	0.1418* (0.0680)	0.1264 (0.0725)	0.1281 (0.0693)
findev	0.5931** (0.2623)	0.3652** (0.1381)	0.4309** (0.2195)
pubfinex	-0.1324 (0.1067)	-0.0935 (0.0603)	-0.1128* (0.0576)
常数项	是	是	是
地区固定效应		是	
年份固定效应		是	
AR (1) - P 值			0.0182
AR (2) - P 值			0.5344
Hansen test - P 值			0.3123
R^2	0.6367	0.4209	0.8267

注：***、**、* 分别表示变量在 1%、5% 和 10% 的显著性水平上显著；括号内为稳健标准误。

资料来源：笔者计算。

著地加快了西部地区的经济结构转型升级进程。这与以往研究和本书的理论模型预测是一致的，人力资本积累不仅是现代经济增长的重要源泉，而且驱动经济结构转型升级的创新和技术进步都依赖于人力资本的积累。

用国有企业贷款占生产总值的比重衡量的金融市场发展（$findev$）的估计系数显著为负，且金融市场的发展程度随该指标的增加而下降，说明金融市场发展显著地促进了地区经济结构的转型升级。这与以往研究和本书的预测一致：一方面，金融市场的发展能够以更低价格将资本配置给高生产率部门，直接促进经济结构的转型升级；另一方面金融市场的发展将为其余的创新和发展提供更为便利的融资渠道，从而间接地促进经济结构的转型升级。

产业结构（$indstr$）的估计系数虽然为正，但除了混合 OLS 估计外其余两种估计方法下并不显著，可能的原因是产业结构用第二产业增加值占生产总值之比衡量，而西部地区很多城市既有由第一产业向第二产业为主的转型，又有第二产业向第三产业为主的转型。相对于第一产业，第二产业能带来经济增长和结构转型的同时，相对于更为高级的第三产业，可能存在抑制，因而产业结构变量的估计系数不显著。

用财政支出占生产总值额比重衡量的财政支出（$pubfinex$）变量的估计系数为负，但仅在 GMM 估计下以 10% 的显著性水平显著，表明政府对社会资源的调配和利用存在较大问题。考虑财政支出是政府促进经济结构转型升级的重要工具，以及近年来越来越多的对西部地区的优惠政策和财政支持，西部地区的财政支出并未带来经济结构转型升级，反而存在阻碍，这说明了政府财政支出效率亟待改进。

第四节 "资源诅咒"影响西部地区经济结构转型升级的作用机制检验

上述分析给出了"资源诅咒"抑制经济结构转型升级的经济证据，本部分进一步根据以往研究和本书的理论模型，对"资源诅咒"影响经济结构转型升级的作用机制进行检验。首先考察"资源诅咒"是否通过阻碍创新和挤出制造业这两个方面进行作用机制检验。此外，虽然本书理论模型出于简化的需要，只刻画了资源部门对制造部门的挤出，但根据以往研究，与资源部门对制造部门的挤出类似，经济发展中过度依赖资源部门还可能抑制对外开放程度，并阻碍制度建设。因此，本书还从"资源诅咒"对开放发展和市场化制度建设的影响这两个方面来检验"资源诅咒"影响西部地区经济结构转型升级的作用机制。

一、"资源诅咒"与西部地区创新发展

本书理论分析框架的分析表明，经济发展中对资源储备驱动的资源部门的过度依赖将抑制创新部门的发展，从而对经济总体的创新发展造成阻碍。现有研究也表明：一方面，从静态视角看，资源开发部门的发展自身主要依赖资源储备的多少及其开采条件的便利性，创新和技术进步在部门发展中所起的作用相对不那么明显，该部门的扩张本身就意味着相对较低创新和技术进步需求部门的扩张，从而直接抑制经济整体的创新发展（张复明和景普秋，2006；Papyrakis & Gerlagh，2007；杨莉莉等，2014）。另一方面，从动态视角看，资源富集地区中资源开发成本较低，利润较大，会吸引更多的潜在创新者和企业家进入初级资源产品生产的资源开发部门，从而间接导致经济发展中最具创新活力的企业家和具体的技术创新活动被挤出（Sachs & Warner，2001；邵帅和杨莉莉，2011；张攀和吴建南，2017），进而间接抑制经济整体的创新发展。

那么，在西部地区经济结构转型升级过程中，"资源诅咒"对于经济结构转型升级创新发展这一重要的驱动力产生了怎样的影响？为此，基于式（4-17），构建以下固定效应模型进行实证检验。

$$techicre_{it} = \alpha_0 + \beta_2 rescur_{it} + X_{it}\gamma + \alpha_i \quad (4-23)$$

式中，$techcre$ 为各地区的科技创新水平，参照邵帅和杨莉莉（2011）等做法，用每1000人中从事科技活动人员数度量地区的科技创新水平；其余变量额含义与式（4-17）相同。

第四章 西部地区经济结构转型升级影响因素分析：基于"资源诅咒"视角

利用 2000~2017 年西部地区数据，利用混合 OLS、固定效应和系统 GMM 估计法估计的结果见表 4-4。从中可见，"资源诅咒"指数变量的系数显著为负，即西部地区"资源诅咒"越严重则其科技创新水平越低。以固定效应模型估计为例，平均"资源诅咒"指数每变动 1 单位，地区科技创新水平下降 0.65 个百分点。进一步考虑前期科技创新水平基础，引入滞后一期的科技创新水平后，利用系统 GMM 估计法估计的结果表明，"资源诅咒"估计系数仍然显著为负数，绝对值也有所增加，"资源诅咒"阻碍地区科技创新水平的提升的机制仍然成立。上述估计结果说明，"资源诅咒"通过阻碍地区创新发展而抑制经济结构转型升级的机制是存在的。

表 4-4   "资源诅咒"与创新发展

项目	科技创新水平 (techcre)		
	混合 OLS (1)	固定效应 (2)	系统 GMM (3)
rescuy	-0.9632*** (0.3062)	-0.6524*** (0.2043)	-0.7212*** (0.3001)
$techcre_{t-1}$			0.8921*** (0.0730)
invest	-0.0611 (0.0367)	-0.04361* (0.0286)	-0.0524* (0.0296)
humcap	1.213** (0.5610)	0.8904*** (0.3101)	1.0013*** (0.2572)
indstr	0.3306** (0.1580)	0.2463* (0.1325)	0.2844** (0.1302)
findev	-1.2931** (0.5621)	-0.9678** (0.4391)	-1.0801*** (0.4195)
pubfinex	-0.6693*** (0.1067)	-0.5335*** (0.1603)	-0.6067*** (0.1048)
常数项	是	是	是
地区固定效应		是	

续表

项目	科技创新水平（techcre）		
	混合 OLS (1)	固定效应 (2)	系统 GMM (3)
年份固定效应		是	
AR（1）– P 值			0.0122
AR（2）– P 值			0.5691
Hansen test – P 值			0.6375
R^2	0.5697	0.4213	0.6631

注：*、**、*** 分别代表在 10%、5% 和 1% 的显著性水平上显著；括号内为稳健标准误。
资料来源：笔者计算。

从控制变量来看，物质资本投资和政府财政支出并不利于科技创新水平的提高，物资资本投资和财政支出的结构有待优化；而人力资本积累、产业结构升级和金融市场发展有利于科技创新水平的提高，这与理论预测是相符的。人力资本积累是科技创新的基础，更加依赖于创新的第二产业的发展也将促进科技创新，而资本市场发展带来的融资成本下降和融资便利可以提高创新和科技水平。

二、"资源诅咒"与西部地区制造业发展

对于资源部门对制造部门的挤出，在现有"资源诅咒"相关文献中获得了广泛关注（Papyrakis & Gerlagh，2004；邵帅和齐中英，2008；Badeeb et al.，2017；芦思姮，2017）。现有研究表明，对于资源丰裕的地区，资源开采提高了国民收入和价格水平，这将导致通货膨胀和实际汇率贬值。在产品市场上，其结果是制造业产品价格的上涨，其在出口市场的相对价格也上升，进而导致制造业在国际竞争力中无法形成优势和制造部门的投资吸引力下降。与此同时，在要素市场上，劳动和资本等生产不可或缺投入要素由于资源开发部门的繁荣而被其以更高的价格引入，制造部门的生产成本上升和利润下降，进而对制造业的发展产生阻碍。不幸的是，由于制造部门生产技术更复杂、更依赖"干中学"带来技

术水平提升，故对整体经济增长具有非常重要的正向溢出效应（Frankel，2010；王嘉懿和崔娜娜，2018）。当制造部门被挤出时，这一促进经济发展和结构转型升级的溢出效应也就消失了。

那么，在西部地区经济结构转型升级过程中，"资源诅咒"对于具有重要正向溢出效应的制造部门的发展产生了怎样的影响？本书构建以下固定效应模型进行实证检验。

$$mandev_{it} = \alpha_0 + \beta_2 rescur_{it} + X_{it}\gamma + \alpha_i \quad (4-24)$$

式中，$mandev$ 为各地区的制造业发展水平，用制造业增加值占生产总值的比重衡量；其余变量的含义与式（4-17）相同，但为了避免多重共线性问题，控制变量中去掉了用第二产业增加值占生产总值比重衡量的产业结构（$indstr$）变量。利用 2000~2017 年西部地区数据，利用混合 OLS、固定效应和系统 GMM 估计法估计式（4-19）的结果见表 4-5。

表 4-5　　　　　　　　"资源诅咒"与制造业发展

项目	制造业发展水平（mandev）		
	混合 OLS	固定效应	系统 GMM
	（1）	（2）	（3）
$rescuy$	-1.8452***	-1.5334***	-1.7126***
	（0.5071）	（0.3047）	（0.5027）
$mandev_{t-1}$			0.7321***
			（0.2748）
$invest$	0.6231**	0.4324***	0.5544**
	（0.2904）	（0.1272）	（0.2338）
$humcap$	2.312***	1.5961***	1.8023***
	（0.7926）	（0.5122）	（0.7699）
$findev$	2.3913*	1.4783*	1.7824**
	（1.2141）	0.7397）	（0.8182）
$pubfinex$	-0.3214***	-0.5335**	-0.6067**
	（0.1067）	（0.2642）	（0.2858）
常数项	是	是	是

续表

项目	制造业发展水平（mandev）		
	混合 OLS (1)	固定效应 (2)	系统 GMM (3)
地区固定效应		是	
年份固定效应		是	
AR（1）-P 值			0.0237
AR（2）-P 值			0.3763
Hansen test - P 值			0.2418
R^2	0.4367	0.6210	0.5631

注：*、**、*** 分别代表在 10%、5% 和 1% 的显著性水平上显著；括号内为稳健标准误。
资料来源：笔者计算。

"资源诅咒"指数变量对西部地区制造业发展影响的系数估计显著为负，即西部地区"资源诅咒"越严重则其制造业发展越差，见表 4-5。以固定效应模型估计为例，平均"资源诅咒"指数每变动 1 单位，地区科技创新水平下降 1.53 个百分点。进一步考虑前期制造业发展的基础，引入滞后一期的制造业发展水平后，利用系统 GMM 估计法估计的结果显示"资源诅咒"变量的系数仍然显著为负数，绝对值也小幅度上升，"资源诅咒"阻碍地区制造业发展的机制仍然成立。上述估计结果表明，"资源诅咒"通过阻碍地区制造业发展发展，从而弱化制造业的"干中学"效应和正向溢出效应，即抑制西部地区经济结构转型升级的机制是存在的。从滞后一期的制造业发展来看，系数显著为正，发展基础对于下一步发展的作用是非常重要的。

从控制变量来看，物质资本投资、人力资本积累和金融市场发展的系数均显著为正，即物质和人力资本投资以及金融市场发展有利于制造业发展，这与理论预测是相符合的。有趣的是，西部地区中政府财政支出并不利于制造业发展，可能的原因是：财政支出只有更多地投入教育和基础设施等非生产性领域，为制造业发展提供必要的基础设施和良好的环境时才能促进制造业发展；当地方经济增长更依赖财政支出中的生产性开支时，可能会挤压制造业发展空间而对制造业发展产生阻碍。西部地区中政府财政支出并不利于制造业发展这一结果表明,西部地区财政支出的效率和结构还有待进一步优化。

三、"资源诅咒"与西部地区开放发展

为了分析方便,本书的理论分析框架只刻画了资源部门对制造部门及为其服务的创新部门的挤出。但根据以往研究,与资源部门对制造部门和创新部门的挤出类似,经济发展中过度依赖资源部门还可能抑制对外开放程度。一方面,丰裕的资源储备带来较高收入并提高了人力和资本等生产要素的价格,使得部分依靠对外贸易发展的部门受到抑制(Papyrakis & Gerlagh,2004;邵帅和齐中英,2008;刘那日苏和袁雪晴,2017)。另一方面,自身丰裕的资源储备可能让该地区执行保守的政策或措施,一定程度上抵触改革开放,从而阻碍地区的开放发展(方颖等,2011;李江龙和徐斌,2018)。但是,对外开放所带来的价格低廉的原材料和产品,以及技术和管理等的交流借鉴是经济发展和结构转型升级的重要助力。中国40多年的发展历程也表明,改革开放是有助于经济发展和结构转型升级的。

那么,在西部地区经济结构转型升级过程中,"资源诅咒"对于经济发展和结构转型升级中具有重要作用的开放发展产生了怎样的影响?本书构建以下固定效应模型进行实证检验。

$$opendev_{it} = \alpha_0 + \beta_2 rescur_{it} + X_{it}\gamma + \alpha_i \quad (4-25)$$

式中,$opendev$ 为各地区的开放发展水平,参照李江龙和徐斌(2018)做法,用进出口总额占生产总值的比重和FDI(外国直接投资)占生产总值比重衡量,分别记为 $opendev^1$ 和 $opendev^2$;其余变量额含义与式(4-17)相同。

利用 2000~2017 年西部地区数据,分别用进出口总额占生产总值的比重和FDI(外国直接投资)占生产总值比重衡量地区开放发展,基于固定效应模型的估计结果见表4-6第(1)列和第(2)列;用进出口

总额占生产总值的比重衡量开放发展，利用系统 GMM 估计法估计的结果见表 4-6 第（3）列。

表 4-6　　　　　　　　　"资源诅咒"与开放发展

项目	$opendev^1$ 固定效应 (1)	$opendev^2$ 固定效应 (2)	$opendev^1$ 系统 GMM (3)
$rescuy$	-0.9631** (0.4100)	-0.8643** (0.3317)	-1.1346** (0.3027)
$opendev^1_{t-1}$			0.6348*** (0.1143)
$invest$	0.6231* (0.2904)	0.4324*** (0.1272)	0.5544** (0.2338)
$humcap$	0.3421** (0.1211)	0.3688** (0.1244)	0.5242*** (0.1098)
$indstr$	0.3412** (0.1537)	0.5631*** (0.1340)	0.7661*** (0.3099)
$findev$	0.6671* (0.3712)	0.4567* (0.2508)	0.8633** (0.4384)
$pubfinex$	0.5066 (0.4633)	0.7896 (0.8032)	0.6537 (0.5708)
常数项	是	是	是
地区固定效应		是	
年份固定效应		是	
AR（1）-P 值			0.0348
AR（2）-P 值			0.2351
Hansen test-P 值			0.5617
R^2	0.5301	0.6016	0.4329

注：*、**、*** 分别代表在 10%、5% 和 1% 的显著性水平上显著；括号内为稳健标准误。
资料来源：笔者计算。

无论是用进出口总额占生产总值的比重还是用 FDI（外国直接投资）占生产总值比重来衡量地区开放发展水平，"资源诅咒"指数变量的系数都显著为负，即西部地区"资源诅咒"阻碍了其开放发展，见表4-6。以用进出口总额占生产总值的比重来衡量开放发展水平的第（1）列结果为准，平均"资源诅咒"指数每变动1单位，地区开放发展水平下降0.96个百分点。进一步考虑前期开放发展的基础，引入滞后一期的开放发展水平后，利用系统GMM估计法估计的结果见第（3）列。可以看出，"资源诅咒"变量的估计系数仍然显著为负，绝对值相对小幅度上升，"资源诅咒"阻碍西部地区开放发展的机制仍然成立。上述估计结果表明，"资源诅咒"通过阻碍西部地区开放发展，进而抑制地区经济结构转型升级的机制是存在的。

从控制变量来看，物质资本投资、人力资本积累、产业结构调整和金融市场发展的系数均显著为正，即物质和人力资本积累，以及产业结构升级和金融市场发展都有利于西部地区的开放发展，这与理论预测是相符合的。物质和人力资本是开放发展的基础，而趋向工业的结构调整更有利于吸引外资和出口，从而促进地区的开放发展。但西部地区的政府财政支出对开放发展的影响为正但不显著，仍然显示西部地区财政支出的效率和结构待进一步优化。

四、"资源诅咒"与西部地区的市场化进程

与上述"资源诅咒"对开放发展的影响分析类似，为了分析方便，本书的理论分析框架并未引入制度建设变量，但根据以往研究，经济发展中过度依赖资源产业还可能弱化制度建设，而良好的制度是经济发展和结构转型升级取得成功的重要影响因素（North，1990）。首先，资源丰裕带来的繁荣将减少政府进行经济治理的努力，并弱化制度建设的需求，长期来看低效的经济治理和较差的制度质量将抑制经济发展（Sachs & Warner，1995；Papyrakis & Gerlagh，2007；杨莉莉等，2014；文雁兵，2018）。其次，资源储备的增加将带来可观的资源租金，这会进一步激励企业或社会团体向资源相关政府管理部门寻租，使得现有制度质量更可

能被破坏而形成腐败导致经济效率损失,最终阻碍经济发展(Iimi,2007;Frankel,2010;芦思姮,2017)。更有研究认为,制度质量可能决定资源丰裕到底是经济发展的"福音"还是"诅咒"的决定性因素(Arezki & Bruckner,2011;Badeeb et al.,2017;芦思姮,2017)。

最新可查的西部各地区的市场化指数排名见表4-7,从中可见,在全国31个省、自治区、直辖市中,2008~2014年排名最高的西部地区是重庆(2012年在全国排名第9位),而大部分省、自治区、直辖市的排名在20名以外,排名最后的位置长期被新疆、青海和西藏等占据。这与西部地区的"资源诅咒"程度较高一致,西部地区的市场化转型进程同样落后于东部和中部地区。

表4-7　　　　　2008~2014年西部各省区市的市场指数排名

省区市	2008年	2009年	2010年	2011年	2012年	2013年	2014年
内蒙古	21	21	24	24	22	23	25
广西	15	14	18	19	14	14	17
重庆	12	12	12	12	9	9	9
四川	13	14	13	14	16	15	16
贵州	23	23	27	27	27	26	27
云南	22	22	20	20	25	25	26
西藏	31	31	31	31	31	31	31
陕西	25	25	25	25	23	21	19
甘肃	28	28	28	28	28	28	28
青海	30	30	30	30	30	30	30
宁夏	27	24	26	26	26	27	24
新疆	29	29	29	29	29	29	29

资料来源:王小鲁,樊纲,余静文,等.中国分省份市场化指数报告(2016)[M].北京:社会科学文献出版社,2017.

在上述基础上,本书以市场改革为制度建设的切入点,构建以下固定效应模型对"资源诅咒"对西部地区的市场化进程的影响进行实证检验,即:

第四章　西部地区经济结构转型升级影响因素分析：基于"资源诅咒"视角

$$market_{it} = \alpha_0 + \beta_2 rescur_{it} + X_{it}\gamma + \alpha_i \qquad (4-26)$$

式中，market 为西部各地区的市场化水平。中国作为一个转型经济体，市场化水平可反映市场化改革的推进程度，若私营经济在经济中的参与度上升，则政府干预的比重将会下降（杨莉莉等，2014），因此本书选择政府支出中扣除科教文卫支出后的财政支出占生产总值的比重来反向衡量西部各地区的市场化程度。式（4-26）中其余变量的含义与式（4-17）相同，但为了避免多重共线性问题，控制变量中去掉了财政支出占生产总值额比重衡量的财政支出（pubfinex）变量。基于 2000~2017 年西部地区数据对式（4-26）进行估计，结果见表 4-8。

表 4-8　　　　　"资源诅咒"与市场化进程

项目	市场化进程（market）		
	混合 OLS	固定效应	系统 GMM
	(1)	(2)	(3)
$rescuy$	2.3654*** (0.8612)	1.6874*** (0.5007)	1.8971*** (0.5966)
$market_{t-1}$			0.7634*** (0.2001)
$invest$	0.0233* (0.01203)	0.0126** (0.0523)	0.0366** (0.0132)
$humcap$	-1.220*** (0.5114)	-0.9673*** (0.2185)	-0.9854*** (0.3512)
$findev$	0.3306 (0.3467)	0.2463 (0.2809)	0.2844 (0.2634)
$pubfincx$	-2.1634** (1.03241)	-1.7386*** (0.6354)	-1.9837*** (0.5319)
常数项	是	是	是
地区固定效应		是	
年份固定效应		是	
AR (1) -P 值			0.0236
AR (2) -P 值			0.1864
Hansen test -P 值			0.2693
R^2	0.6008	0.5367	0.4322

注：*、**、***分别代表在 10%、5% 和 1% 的显著性水平上显著；括号内为稳健标准误。

资料来源：笔者计算。

"资源诅咒"指数变量的系数都显著为正,考虑本书用政府支出中扣除科教文卫支出后的财政支出占生产总值的比重来反向衡量市场化程度,这意味着西部地区"资源诅咒"阻碍了其市场化进程,见表4-8。以第(2)列的固定效应模型结果为准,平均"资源诅咒"指数每变动1单位,地区市场化程度下降1.69个百分点。进一步考虑前期的市场化制度化建设,引入滞后一期的市场化程度后,利用系统GMM估计法估计的结果见表4-8第(3)列。可以看出,"资源诅咒"变量的估计系数仍然显著为正,"资源诅咒"阻碍西部地区市场化进程的机制仍然成立。上述估计结果表明,"资源诅咒"通过阻碍西部地区的市场化制度建设,进而抑制地区经济结构转型升级的机制是存在的。

从控制变量来看,物质资本投资系数显著为正,而人力资本积累和金融市场发展的系数均显著为负。考虑本书用政府支出中扣除科教文卫支出后的财政支出占生产总值的比重来反向衡量市场化程度,上述结果表明,物质资本投资并带来市场化改革的推进,而人力资本积累和金融市场发展促进了市场化水平。可能的原因是单纯物质资本投资并不必然带来制度建设的完善,但人力资本的积累有助于普及市场化知识并可提供市场化建设所需的专业人才,而金融市场的发展有助于推进市场化改革。

第五章 我国西部地区推动经济结构转型升级面临的外部环境与内部条件

外部环境和内部条件是推动经济结构转型升级战略选择的前提基础和科学依据。本部分运用态势分析方法 SWOT 的基本原理，全面分析新时代我国西部地区推动经济结构转型升级面临的有利条件和不利因素。

第一节 国内外发展环境的总体判断

国际方面，当今世界正在经历百年未有之大变局。一方面，和平与发展依然是时代主题，世界多极化、经济全球化、社会信息化、文化多样化深入发展，全球治理体系和国际秩序变革加速推进，新兴市场国家和发展中国家快速崛起，国际力量对比更趋均衡，我国发展相对稳定的外部环境没有发生根本改变。另一方面，全球范围内第四次工业革命不断取得重大突破，新技术、新产业、新业态层出不穷，全球产业链、供应链、价值链、创新链、人才链深度调整，对生产生活方式带来前所未有的深刻影响。

与此同时，世界经济虽然延续增长势头，但深层次、结构性矛盾依然没有得到根本解决，加上主要经济体宏观政策不统一、保护主义加剧、地缘政治趋紧等因素影响，全球经济稳定增长的基础十分脆弱。特别是美国挑起的单边主义和保护主义，对欧洲国家和新兴市场国家带来很大冲击，未来世界经济增长可能放缓甚至发生逆转并导致新一轮重大金融危机的爆发。总之,世界经济不稳定不确定因素在不断增多,全球经贸政治形势更加错综复杂。

国内方面,我国经济已由高速增长阶段转向高质量发展阶段,正处在转方式、优结构、换动力的攻关期。近年来,我国经济总体上一直保持稳中有进、稳中向好的基本态势。从主要经济指标看,经济运行依然处在合理区间,经济表现得到国际社会高度评价和充分肯定。从发展趋势看,经济结构不断优化,新旧动能接续转换,经济平稳运行的后劲不断增强,发展质量效益稳步提升,改革开放力度不断加大,民生福祉持续增进,我国经济正在向高质量发展扎实推进。

与此同时,我国发展环境也面临"稳中有变、变中有忧"的局面。国内一些新旧矛盾和问题与外部冲击交织叠加,制约经济持续向好的体制机制问题依然突出,结构性调整阵痛继续显现,保持经济持续健康发展的难度有所增加。但更要看到,我国经济发展面临许多确定性因素。经济发展韧性强、回旋余地大,基本面较好;各项改革举措持续落地,进一步增强发展的稳定性、协调性、包容性和可持续性;我国对新兴市场国家以及"一带一路"沿线国家的贸易和投资依然十分稳健。特别地,在以习近平同志为核心的党中央的坚强领导下,党的凝聚力、战斗力、领导力和号召力大大增强,为党和国家各项事业发展提供了坚强政治保证。总之,我国经济整体平稳运行的总基调没有变,只要我们高度重视、应对得当,集中精力把自己的事情办好,就完全可以用国内的确定性有效应对世界经济不确定性带来的不利影响。

第二节 我国西部地区经济结构转型升级面临的困难和挑战

当前,我国西部地区发展的外部环境和内部条件正在发生明显变化,推动经济结构转型升级的外部挑战与内部矛盾集中显现并交织叠加。一是中美关系未来走向成为影响我国发展最大的不确定性因素,全球性单边主义和保护主义风险不断加大,国际资本市场和大宗商品市场剧烈波动,将对西部地区推动经济结构转型升级产生深刻的直接和间接影响。二是我国区域经济版图正在发生明显分化,各地区围绕集聚高端资源要素的竞争日趋激烈,对标先进,我国西部地区在发展理念、发展思路、发展战略、体制机制、营商环境等方面的差距十分明显,在推动经济结构转型升级中将面临多方向、多领域、多维度的挤压。三是内需持续走弱,外需动力明显不足,供给侧结构性改革进展较为缓慢,"僵尸企业"受利益关系影响出清困难,经济下行压力较大,推动经济结构转型升级的操作空间受到限制,处理稳与进的关系难度较大。四是产业结构不合理问题依然突出,"逆库兹涅茨化"现象开始显现,加快新旧动能转换,推动经济发展质量变革、效率变革、动力变革,提高全要素生产率的任务十分紧迫。五是促进实体经济发展与防控金融风险并存,实体经济多样化金融需求尚未得到有效满足,处置突出风险点和整治金融乱象的任务十分繁重,做实做强做优实体经济与守住不发生系统性金融风险底线需要统筹兼顾。六是不同地区、不同产业、不同行业、不同企业间分化发展的态势十分明显,推动城乡一体、区域协调、产业协同的难度开始增大。七是改革攻坚日益触及深层次体制矛盾和利益调整,国企国资改革进入"深水区",民营经济发展环境需要不断优化,要素市场化配置改革需要进一步深化,推动重大改革举措落地需要下更大政治勇气。八是人口发展内生动力和外部条件发生显著变化,人口自然增长率开始减缓,老年人抚养比较快上升,提高人口代际替换水平难度增大,劳动力资源供给和社会稳定发展的隐患正在累积。

第三节 我国西部地区推动经济结构转型升级面临的机遇和有利条件

一、国际环境变化带来的机遇

当前,虽然逆全球化倾向和趋势会给西部地区推动经济结构转型升级带来严峻挑战,但世界经济格局加速重构也为发展带来一些重要机遇:一是"一带一路"建设正在从倡议转为行动,从理念变为实践,从愿景变成丰硕成果,为西部地区深度参与国际经贸、人文交流和国际合作,加快构建"北上南下、东进西出、内外联动、八面来风"的对外开放新格局创造了新机遇。二是世界能源格局正在深度调整,加快能源经济转型发展、保障国家能源安全的任务更加紧迫,为西部地区特别是西部能矿资源富集地区全面落实习近平总书记关于"四个革命、一个合作"能源战略思想,紧跟世界能源技术革命新趋势,加快构建多元发展、多极支撑现代能源经济体系创造了新机遇。三是世界新一轮科技革命和产业变革蓬勃发展,新技术、新产品、新业态、新模式加速向各领域广泛渗透,需求潜力不断释放,为西部地区运用先进理念和技术加快培育发展战略新兴产业,推动传统产业全面改造升级创造了新机遇。四是《2030年可持续发展议程》在世界范围内得到广泛共识并深入推进,我国加快推进生态文明顶层设计和制度体系建设,国际影响力和话语权不断提升,为西部地区立足现有基础和优势,不断拓展绿色发展内涵和外延,在国内外生态环境保护建设中不断作出新贡献,创造了新机遇。

二、国内环境变化带来的机遇

目前,虽然我国发展面临"稳中有变、变中有忧"的局面,但经济"形稳""质优""势好"的基本态势没有发生改变。国家按照高质量发展根本要求,正在加快推出稳定市场预期、完善市场基本制度、鼓励长期资金入市、促进国企改革和民企发展、扩大开放等新的战略举措,为西部地区推动经济结构转型升级带来许多重要机遇。一是习近平新时代中国特色社会主义经济思想为西部地区决胜全面建成小康社会、开启现代化建设新征程,统筹做好稳增长、促改革、调结构、惠民生、防风险等工作提供了根本遵循和行动指南。二是国家适度扩大国内有效需求,在防风险前提下加强确有必要、关系国计民生的项目资金保障,为西部地区充分发挥有效投资对稳增长、调结构、补短板、强弱项的关键作用，推进重大工程项目落地提供了有力保障。三是国家关于煤炭等"去产能"工作的持续推进，深刻改变着国内大宗产品供求关系格局，为西部地区发挥资源和产业优势，提高产能集中度，提升资源综合利用效率提供了广阔的市场空间。四是国家大力实施乡村振兴战略，优化城市群空间布局，创新城乡区域协调发展体制机制和政策，为西部地区激发城乡区域发展新活力，统筹推进城乡融合发展和区域协同发展提供了有力支撑。五是国家深入实施创新驱动发展战略、科教兴国战略、人才强国战略和军民融合发展战略，部署重大工程、重大计划、重大行动，为西部地区深挖创新潜力、激活创新要素、促进协同创新，提升创新驱动发展能力提供了方向指引。六是国家持续加大重点难点领域改革攻坚力度，狠抓改革举措落地见实效，为西部地区精准发力深化"放管服"改革，着力完善产权制度，深化要素市场化配置改革，积极推进财税金融体制和国企国资改革，毫不动摇支持非公有制经济发展提供了制度保证。七是国家推动"一带一路"建设向纵深发展，加快落实对外开放重大举措，为西部地区创新对外贸易投资方式，营造更具吸引力的外商投资环境，加快提升开放经济发展水平提供了强大动力。八是国家加大对民族地区、边疆地区和集中连片特困地区公共资源配置力度，特别是《中共中央　国务院关于新时代推动西部大开发形成新格局的指导意见》的实施将为西部地区补齐公共服务供给短板，做实做细做深民生保障和社会稳定工作，全力打好精准脱贫攻坚战提供了重要保障。

三、内部环境变化带来的机遇

（一）发展思路不断完善

1999年，中央正式提出西部大开发战略。为推进实施这一重大战略，国务院及有关部门先后制定实施了一系列政策措施，包括《关于实施西部大开发若干政策措施的通知》《关于进一步推进西部大开发的若干意见》《关于促进西部地区特色优势产业发展的意见》等。西部大开发战略有效促进了西部经济增长,带动了能源及化工、重要矿产开发及加工、特色农牧业及加工、重大装备制造、高技术产业和旅游业六大特色优势产业发展,缩小了东西部之间的差距。党的十九大以来,西部地区以习近平新时代中国特色社会主义思想为指导,全面贯彻党的十九大精神,进一步完善和明确推动高质量发展的时间表、路线图和任务书,为西部地区经济结构转型升级明确了思路、方向、重点、路径和举措。

(二) 发展基础更加坚实

近年来,西部地区综合实力不断增强,转型升级加快推进,高质量发展的态势开始显现。

一是经济实力稳步提升。2013~2017年,西部地区生产总值从12.7万亿元增加到17.1万亿元,年均增长8.8%,占全国的比重从19.8%提高到20.0%;主要经济指标高于全国平均水平,一些省份经济指标长年位居全国前列;全社会固定资产投资年均增长超过13%,进出口总额年均增长6.4%,占全国的比重分别从23.8%、6.1%提高到26.4%和7.5%。①

二是基础设施保障能力全面增强。铁路运营里程达到5.4万千米,其中高速铁路运营里程为7618千米。兰—新铁路第二双线、兰—渝铁路、西—成高铁等一批重要交通干线相继投入运营。高速公路通车里程突破5万千米。民用运输机场数量达114个,占全国比重近50%。西气东输、西电东送等一批具有重要影响的能源工程相继竣工,最后一批无电人口用电问题得到有效解决。金沙江梯级水电站以及广西百色、四川紫坪铺等一批大型水利枢纽建成并发挥效益。新一代信息基础设施建设

---

① 国家统计局. 区域发展战略成效显著 发展格局呈现新面貌——改革开放40年经济社会发展成就系列报告之十六 [EB/OL]. http://www.stats.gov.cn/ztjc/ztfx/ggkf40n/201809/t20180913_1622702.html, 2018-09-13.

顺利推进,移动互联网覆盖面不断扩大。①

三是经济结构调整取得明显成效。2013~2017年,西部地区第三产业增加值占地区生产总值的比重由37.3%增加到46.7%,提高了9.4个百分点,而全国同期只上涨了6.3个百分点。西部地区第三产业增加值占地区生产总值的比重,与全国平均水平的差距进一步缩小。5年间,有超过一半的西部省份的第三产业增加值占地区生产总值的比重提高幅度高于全国平均水平。其中四川、内蒙古、青海、甘肃四地提高了10个百分点以上。西部地区第二产业增加值占地区生产总值的比重也在下降,下降了8.3个百分点。此外,战略性新兴产业、先进制造业发展态势比较良好,工业增长贡献率稳步提高;高技术制造企业效益实现较快增长,增速明显高于全国平均水平。消费结构不断优化,多个地区微型计算机、智能家电、新型数码产品等销售额保持2位数增长。以旅游、健康、养老、休闲、养生等功能为核心的旅游康养产业加快发展,产业规模不断扩大。②

四是生态文明建设成效显著。重点生态地区生态修复治理加快实施,退耕还林还草、退牧还草、天然林保护等重点生态工程稳步推进,在西部地区设立了37个生态文明先行示范区,生态补偿机制初步建立。2013~2017年,西部地区安排新一轮退耕还林还草3865.6万亩,面积累计达1.26亿亩,森林覆盖率进一步提高。草原、湿地等重要生态系统得到有效保护和恢复,地区生态环境明显改善,国家生态安全屏障得到巩固。③

五是人民生活水平持续提高。2017年城镇和农村居民人均可支配收入分别达到3.1万元和1.1万元,是2013年的1.38倍和1.46倍,年均增长超过10%。农村贫困人口大幅度减少,2013~2017年超过3500万

---

①② 国家统计局. 区域发展战略成效显著 发展格局呈现新面貌——改革开放40年经济社会发展成就系列报告之十六 [EB/OL]. http://www.stats.gov.cn/ztjc/ztfx/ggkf40n/201809/t20180913_1622702.html,2018-09-13.

③ 中国新闻网. 发改委谈西部大开发:东西部发展差距得到有力遏制 [EB/OL]. https://baijiahao.baidu.com/s?id=1610190881164164690,2018-08-30.

贫困人口实现脱贫,目前西部地区贫困发生率全部降到10%以下。"两基"攻坚计划如期完成,"两基"人口覆盖率达100%。农村三级卫生机构建设稳步推进,新型农村合作医疗制度参合率明显提高。覆盖城乡的社会保障体系初步建立,社会保障覆盖面不断扩大。四川汶川、芦山,云南鲁甸、青海玉树、甘肃舟曲等灾区灾后恢复重建胜利完成。①

六是开放型经济水平不断提高。近年来,西部地区积极参与和融入"一带一路"建设。中欧班列快速发展,截至2019年,西部地区累计开行4579列,占全国开行总列数的47%,宁夏、贵州内陆开放型经济试验区和广西凭祥、云南瑞丽、内蒙古满洲里等重点开发开放试验区建设稳步推进。②

(三) 发展的潜能和优势日益凸显

西部地区正处在工业化和城镇化加速推进阶段,新型工业化、信息化、城镇化、农牧业现代化和绿色化同步发展蕴藏巨大潜能和商机,全面落实中央决策部署,全面深化改革开放,将全面释放制度新红利、激活发展新动能。伴随国家重大基础设施和产业项目向中西部地区倾斜以及深入推进"一带一路"建设、京津冀协同发展和长江经济带建设,内蒙古将由沿海开放的"内陆"变为内陆沿边开放的"前沿",具有巨大的资源要素集聚优势和潜在的市场投资价值。

(四) 发展观、政绩观、群众观不断优化

近年来,西部地区全面对标对表党中央精神,紧扣推进三大攻坚战和经济高质量发展,果断开展一系列纠错纠偏、整改整治工作,痛下决心挤水分、化债务、去产能、治污染,坚决改变过度依赖政府投资、过度依赖资源开发、过度依赖增量扩能来拉动经济增长的发展模式,坚决端正发展观、政绩观、群众观,为西部地区加快推动经济结构转型升级

---

①② 中国新闻网. 发改委谈西部大开发:东西部发展差距得到有力遏制 [EB/OL]. https://baijiahao.baidu.com/s?id=1610190881164164690, 2018-08-30.

创造了强大精神动力和良好环境。

综合判断，当前和今后，西部地区推动经济结构转型升级虽然面临诸多严峻挑战，但也面临许多重要机遇和有利条件。机遇不容错过，抓住用好就能实现新的跨越赶超；挑战不容回避，应对得当就能转化为新的契机。西部地区发展中面对的各类矛盾和问题是发展阶段转换过程中出现的，具有客观必然性，虽然有周期性因素的影响，但更重要的是结构性、体制性因素的严重制约，我们要高度重视，坚定信心，保持战略定力，抓住主要矛盾，加强统筹协调，形成政策合力，扎实细致工作，采取有针对性的措施加以切实解决。

第六章　西部地区推动经济结构转型升级的战略构想与对策建议

我国西部地区推动经济结构转型升级正处在压力叠加、负重前行的关键期，已经进入不进则退的攻坚期，也到了有条件、有能力解决突出结构问题的"窗口期"。本部分从战略构想层面提出新时代我国西部地区加快推动经济结构转型升级的总体思路、基本要求、战略任务。在此基础上，提出西部地区推动经济结构转型升级相关对策建议。

第一节　总体思路

以习近平新时代中国特色社会主义思想为指导，全面贯彻党的十九大精神，全面落实《中共中央　国务院关于新时代推进西部大开发形成新格局的指导意见》，统筹推进"五位一体"总体布局，协调推进"四个全面"战略布局，坚持稳中求进工作总基调，牢固树立并自觉践行创新、协调、绿色、开放、共享发展新理念，按照高质量发展根本要求，以供给侧结构性改革为主线，坚持生态优先、绿色发展为导向，深化市场化改革，扩大高水平开放，聚焦短板和弱项，加快建立经济社会发展与人口资源环境综合协调的空间格局、产业结构、生产方式和生活方式，推动经济结构发生质量变革、效率变革和动力变革，走出一条质量更高、效益更好、结构更优、优势充分释放的发展新路,在新的历史起点上努力开创经济高质量新局面。

第二节 基本要求

新时代,西部地区在推动经济结构转型升级的实践中需要统筹处理好以下几个关系。

一、发展和保护的关系

走"生态优先、绿色发展为导向"的高质量发展新路,是新时代党和国家推进西部大开发的重要要求,关键是要处理好绿水青山和金山银山的关系。这不仅是实现可持续发展的内在要求,而且是西部地区推动经济结构转型升级的重大原则。生态环境保护和经济发展不是矛盾对立的关系,而是辩证统一关系。生态环境保护的成败归根到底取决于经济结构和经济发展方式。因此,西部地区在推动经济结构转型升过程中既不能对资源和生态环境竭泽而渔,也不能舍弃经济发展而缘木求鱼,要坚持在发展中保护、在保护中发展,实现经济社会发展与人口、资源、环境相协调,使绿水青山产生巨大生态效益、经济效益、社会效益。

二、稳增长和调结构的关系

稳增长与调结构是辩证统一关系。稳增长可以为深化供给侧结构性改革创造更加良好的空间;调结构可以为稳增长夯实坚实的增长基础。这是因为,经济增量扩大与结构升级的要求是可以相互适应的,且是符合经济发展规律和符合客观实际的;同时,结构决定发展后劲,结构失衡越久,越容易导致经济运行矛盾积重难返,进而影响经济增长的长期稳定。因此，西部地区要坚持稳中求进工作总基调，既要高度关注和有效防范经济下行压力增大引发的一系列经济社会风险，又要从长期大势认识当前形势，在适度扩大总需求同时，下决心把结构调整过来，把新旧动能转换过来，把经济发展质量提升上去。

三、整体推进和重点突破的关系

整体推进和重点突破，是西部地区推动经济结构转型升级时必须正确处理的一对重要关系。习近平总书记多次强调其重要意义，并对两者关系作出深刻论述："在整体推进的基础上抓主要矛盾和矛盾的主要方面，努力做到全局和局部相配套、治本和治标相结合、渐进和突破相衔接，实现整体推进和重点突破相统一。"① 因此，西部地区推动经济结构转型升级既要坚持整体推进，增强经济发展各层次、各领域、各环节间的关联性和耦合性，防止畸重畸轻、单兵突进、顾此失彼，也要坚持重点突破，在整体推进基础上抓住重大的深层次、结构性问题，采取有针对性的具体措施，努力做到全局和局部相配套、治本和治标相结合、渐进和突破相衔接，实现整体推进和重点突破相统一。

四、破除旧动能和培育新动能的关系

发展动力决定发展速度、效能、可持续性。因此，西部地区要扎实推进供给侧结构性改革，推动发展动力转换，建设现代化经济体系。目前，西部地区长期积累的传统落后产能体量很大、风险很多，动能疲软，沿袭传统发展模式和路径的惯性巨大。如果不能积极稳妥化解这些旧动能，变革创新传统发展模式和路径，那么，不仅会挤压和阻滞新动能培育壮大，而且处理不好会引发"黑天鹅"事件、"灰犀牛"事件。旧的

---

① 新华网．习近平：在深入推动长江经济带发展座谈会上的讲话［EB/OL］．http://www.xinhuanet.com/politics/leaders/2019-08/31/c_1124945382.htm，2019-08-31.

不去，新的不来。推动经济结构转型升级要以壮士断腕、刮骨疗伤的决心，积极稳妥腾退化解旧动能，破除无效供给，彻底摒弃以投资和要素投入为主导的老路，为新动能发展创造条件、留出空间，进而致力于培育发展先进产能，增加有效供给，加快形成新的产业集群，孕育更多吃得少、产蛋多、飞得远的好"鸟"，实现腾笼换鸟、凤凰涅槃。

五、各自发展和协同发展的关系

西部地区推动经济结构转型升级要通过分工和协作形成一个有机融合的高效经济体。因此，要运用系统论的方法，正确把握自身发展和协同发展的关系。西部地区的各个省份、各个城市都应该也必须有推动自身发展的意愿，这无可厚非，但在各自发展过程中一定要从整体出发，树立"一盘棋"思想，把自身发展放到协同发展的大局之中，实现错位发展、协调发展、有机融合，推动经济结构转型升级形成整体合力、发挥整体效益。

第三节 战略任务

推动西部地区经济结构转型升级，决胜全面建成小康社会奋斗目标，开启西部地区现代化建设新征程，当前和今后要全面完成以下战略任务。

一、推动创新发展，把创新驱动作为引领转型升级的第一动力

创新能力不足和严重滞后是西部地区推动经济结构转型升能中的"阿喀琉斯之踵"。近年来，西部地区创新驱动发展虽然取得明显成效，但综合创新能力在"四大板块"中仍居后列，特别是同推动高质量发展

和结构转型升级的客观要求相比,全面实施创新驱动发展战略还面临许多突出困难。

一是研发经费投入规模小、强度低。2017 年,科学研究与试验发展经费投入强度中西部 12 个省、自治区、直辖市在全国 31 个省、自治区、直辖市中,除陕西、重庆和四川,其余 9 个省区的排名都在 20 位以后,处于后列。

二是企业开展创新活动的积极性不高且能力低下。企业开展创新活动的意识不强,有研发活动的企业数量偏少,基础研究和应用研究能力低下,科技活动人员的学历水平普遍不高。

三是科技成果转化能力低下。近年来,西部地区科技研发投入虽然相对增加较快,科技创新与经济发展脱节问题有所改观,但科技资源配置不合理、利用效率低下,科技成果转化率低的问题十分突出。

四是科技人才与创新发展要求不相适应。科技人才结构性失衡严重,高层次人才十分紧缺;高校人才培养与社会需求脱节现象较为严重;科技人才发展的体制机制需要进一步完善。此外,鼓励创新、包容创新的环境也急需优化。

因此,必须将创新作为推进经济结构转型升级的第一动力,以科技创新为核心,积极推进各领域创新,加大力度推进供给侧结构性改革,优化生产要素配置,大力促进大众创业、万众创新,创造新供给、释放新需求、拓展新空间,增强西部地区发展新动能。

二、推动协调发展,把优化空间格局作为转型升级的内在要求

基础设施依然薄弱、城乡区域发展不平衡和整体效益较差是西部地区推动经济结构转型升级中面临的突出难题。目前,西部地区基础设施短板仍然很多,这些短板主要集中在综合交通设施和城市基础设施方面。其中,交通基础设施是当前西部地区最大的短板,包括机场、

公路、铁路、水利、电信、电力等领域。从城镇化率看，2017年西部地区为51.6%，远低于东部地区的67.0%、中部地区的54.3%和东北地区的62.0%；城市群发展不充分，大中小城市、中小城镇协调发展的格局尚未形成。与此同时，西部地区内部分化发展的现象十分明显，突出表现在西北地区的增速普遍低于西南地区的增速，呈现出"南快、北慢"的格局，其中，资源依赖性强的地区经济增长普遍比产业转移早的地区要乏力。2017年，贵州、重庆、四川、云南和西藏的经济增速分别达到10.2%、9.3%、8.1%、9.5%和10%，而内蒙古、甘肃、青海、宁夏和新疆的经济增速只有4%、3.6%、7.3%、7.8%和7.6%，差距十分明显。① 这种分化趋势如果不能控制在一定的范围内，一定会导致新的区域发展失调，损害西部乃至全国经济发展的整体效率和质量。因此，必须坚持协调协同、促进有序开发。要优化空间格局，培育新的增长极和增长带，促进城乡要素平等交换和合理配置，健全城乡协调发展体制机制，推进新型工业化、城镇化、信息化和农牧业现代化同步发展，在协调协同中拓展发展空间，在加强薄弱领域建设中增强发展后劲。

三、推动绿色发展，把建设美丽西部作为转型升级的优先导向

西部地区生态状况如何，不仅关系西部各族群众生存和发展，而且关系全国生态安全。把西部地区建成我国重要生态安全屏障，是立足全国发展大局确立的战略定位，也是西部地区必须自觉担负起的重大责任。绿色是西部大开发底色和责任，也推动经济结构转型升级的潜力和价值。近年来，西部地区加大生态文明建设力度，探索出很多保护生态环境的有效做法，但是生态环境依然脆弱正在成为推动经济结构转型升级的瓶

---

① 人民网. 东中西部，发展差距缩小了 [EB/OL]. http://finance.people.com.cn/n1/2018/0919/c1004-30301569.html, 2018-09-19.

颈制约，处理发展和保护的关系成为必须要跨越的一道重要关口，必须咬紧牙关，爬过这个坡，迈过这道坎。因此，必须按照人与自然和谐共生本质要求，有序有度利用自然，全面节约和高效利用能源资源，推动低碳循环发展，加强生态保护和修复，加大环境治理力度，严守耕地保护红线，健全生态文明制度体系，努力构筑生态安全屏障，建设天蓝、山青、水碧的美丽西部，促进国家永续发展。

四、推动开放发展，把发展高层次开放型经济作为转型升级的必由之路

向西开放是我国实现全方位对外开放的重要战略举措和主攻方向。近年来，在我国积极推进"一带一路"建设的背景下，西部地区不断加快对外开放的步伐，开放水平得到了不同程度的提升。但是，由于开放资源和平台分布极不均衡、开放主体培育严重不足、开放成本较高、开放环境不优等问题，西部地区依旧是我国开放格局中的"短板"。

一是对外贸易总额占全国比重略有提升，但外贸依存度处于较低水平。2000~2017年，西部地区对外贸易总额占全国比重呈现先上升然后略有下降的趋势，由3.6%提高至2014年最高的7.8%，然后下降至6.8%。2013年"一带一路"建设实施以来，西部地区对外贸易总额占全国外贸比重仅提升0.1个百分点。2000~2017年，西部地区外贸依存度由0.082上升至0.121，但仍远低于全国平均水平（0.356），西部地区外贸依存度变动趋势与对外贸易总额占全国比重变动趋势相似，自2014年达到最高点（0.149）后逐渐回落，2017年有所抬升。从西部各省、自治区、直辖市外贸依存度变化情况看，2010年之前，新疆外贸依存度在西部各省、自治区、直辖市中排名第一，2008年最高曾达到38.8%。2010年以后，重庆外贸依存度逐渐超过新疆，位居西部地区第一。2017年，西部地区外贸依存度较高的省、自治区、直辖市依次是重庆（23.5%）、广西（17.3%）、新疆（12.1%）、陕西（10.3%）、

四川（9.9%）。①

二是西部各省、自治区、直辖市间外贸规模增长分化明显，不同省、自治区、直辖市内部外贸区域分布极不均衡。2017年，从西部地区各省、自治区、直辖市间外贸格局上看，进入3000亿元梯队的有四川、重庆、陕西，四川、重庆分别以4606亿元和4508亿元位居第1位和第2位。2001亿元~3000亿元梯队的有陕西；1001亿元~2000亿元梯队的有云南和新疆；其余的西部各省、自治区、直辖市外贸规模都在1000亿元以下。2006年，西部地区除西藏、贵州、青海、宁夏外贸体量较小以外，四川、新疆外贸进出口总额规模较大，分别为889亿元和735亿元，广西、重庆、陕西、云南、内蒙古外贸规模基本都在500亿元左右；甘肃外贸规模稍低，为309亿元。值得注意的是，2006年，重庆外贸规模比内蒙古低40亿元，比云南低61亿元，比广西低97亿元，比新疆低294亿元；陕西外贸规模比重庆还低8亿元。而到了2017年，重庆外贸规模是云南的2.85倍，是新疆的3.22倍，2006~2017年，在这11年间重庆外贸规模年均增长23.5%；随后为广西、陕西、四川，年均增长分别为19.6%、18.2%和16.1%；云南和内蒙古年均增长分别为11%和6.3%。②

三是实际利用外商直接投资额占全国比重和外资依存度先升后降。2000~2017年，西部地区外商直接投资由21.4亿美元上升至263.7亿美元，远低于东部地区1535.5亿美元和中部地区717.2亿美元的水平。在这17年间，西部地区实际利用外商直接投资额年均增长16%，而中部地区年均增长21%。2000年，西部地区与中部地区实际利用外商直接投资仅相差8亿美元，到了2017年，这一差距扩大到454亿美元。2000~2017年，西部地区外资依存度略有上升，但2011~2017年，西部地区外资依存度呈下降趋势，下降了35%。2000~2017年，西部地区实际利用外商直接投资额占全国比重呈现先上升后下降的趋势，由2000年的4.7%

---

①② 国宏高端智库.是什么在阻碍西部地区对外开放？——外贸篇[EB/OL]. https：//www.sohu.com/a/248512002_692693，2018-08-17.

上升至 2011 年最高的 12.2%，又下降至 2017 年的 9.9%。数据显示，推进"一带一路"建设 5 年来，西部地区实际利用外资占全国比重不升反降，而中部地区实际利用外资占全国比重则由 19.5% 上升至 27.1%。①

四是对外投资流量和存量占全国比重有所下降，不同省、自治区、直辖市对外投资行业结构差别较大。从西部地区对"一带一路"沿线国家投资情况看，2016 年，东部沿海 10 个省市对"一带一路"沿线国家非金融类直接投资额占我国对沿线国家非金融类直接投资额的比重为 69%，西部地区 12 个省、自治区、直辖市所占比重仅为 18%。西部许多省、自治区、直辖市在"一带一路"沿线国家投资增长较快，占其对外投资总额的比重也在不断提高。除新疆与内蒙古外，其他各省、自治区、直辖市在沿线国家投资比重都在 40% 以上，宁夏最高达到 78.1%，重庆、四川也分别达到 57.3% 和 58.2%。同时，西部地区在"一带一路"沿线国家对外承包工程完成营业额和新增营业额占 12 个省、自治区、直辖市对外承包工程的比重也在不断提升。2017 年，陕西、四川对外工程承包新签合同额的 80% 以上布局在"一带一路"沿线国家，重庆、云南这一比重达到 70% 以上，广西、新疆也分别占 61% 和 54%。② 因此，必然牢固树立共商共建共享原则，加强与"一带一路"建设、长江经济带建设、京津冀协同发展等重大战略的统筹衔接，坚持内外需协调、进出口平衡、"引进来"和"走出去"并重，积极创新开放模式，促进沿边内陆开放与沿海开放优势互补，发展更高层次的开放型经济，深度融入世界经济体系，推动西部地区由开放的末端变成开放的前沿。

五、推动共享发展，把共同富裕作为转型升级的核心价值追求

坚持以人民为中心的发展思想，既是维护民族团结、保持社会和谐

---

①② 国宏高端智库. 是什么在阻碍西部地区对外开放？——外贸篇 [EB/OL]. https：//www.sohu.com/a/248512002_692693，2018 – 08 – 17.

稳定大局的政治需要,也是推动经济结构转型升级的核心价值追求。近年来,西部地区切实保障和改善民生,保持了经济持续健康发展势头和社会大局稳定。但是,民生领域依然存在一些突出短板和不足。例如,目前西部12个省、自治区、直辖市贫困发生率已经全部降到了10%以下,这个贡献是了不起的,这个成就也是了不起的。但是,西部地区还有1634万贫困人口没有脱贫,占全国的比重达到53.6%,也就是一大半贫困人口分布在西部地区。西部地区贫困发生率比全国平均水平要高2.5个百分点(全国是3.1%,西部地区是5.6%)。农村贫困人口在200万以上的省份全国是7个,5个在西部地区,分别是贵州、云南、广西、四川、甘肃。14个集中连片特殊困难地区涉及西部的有12个,中央重点支持的深度贫困地区"三区三州"全部在西部。[①] 尽管取得了很大成就,但是任务还非常艰巨。因此,必须立足西部地区实际,尽力而为、量力而行,始终把改善生产生活条件、提高人民生活水平作为推动发展和经济结构转型升级的出发点和落脚点,按照全部共享、全面共享、共建共享、渐进共享的要求,在推动经济结构转型升级过程中稳步提高城乡居民收入,增加公共服务供给,完善社会保障制度,让西部各族群众朝着共同富裕稳步前进。

第四节 对策建议

当前和今后,西部地区按照总体思路、基本要求、战略任务推动经济结构转型升级,需要在发展路子选择、国土空间格局优化、生态环境保护建设、构建现代产业新体系、深化重点领域改革、全方位扩大对外开放等方面不断取得新突破,加快形成新时代西部大开发新格局。

---

① 中国网财经. 西部贫困人口年均减少25.5% 有信心打赢脱贫攻坚战 [EB/OL]. http://finance.china.com.cn/news/20180830/4746888.shtml, 2018-08-30.

一、坚定不移走生态优化、绿色发展为导向的转型升级之路

理念是行动的先导，发展路子决定方向和前途。目前，西部地区在推动经济结构转型升级中还普遍存在观念固化、传统路径依赖的突出问题。《中共中央 国务院关于新时代推进西部大开发形成新格局的指导意见》中明确指出："推进西部大开发形成新格局，更加注重抓好大保护，从中华民族长远利益考虑，把生态环境保护放到重要位置，坚持走生态优先、绿色发展的新路子。"这是新时代西部地区推动经济结构转型升级"管总"的要求，也是西部地区推动经济结构转型升级必经之路。从马克思主义关于事物矛盾运动的基本原理可知，发展和保护本质上不是矛盾对立关系，而是辩证统一关系。西部地区走以生态优先、绿色发展为导向的经济结构转型升级之路，首先要正确理解和全面把握这条新路子的科学内涵和本质要求。

（一）"以生态优先为导向"突出强调了西部地区在我国生态安全格局中的重要地位

西部地区虽然生态类型多样，但生态环境总体上非常脆弱。其中，中度以上生态脆弱区域占全国陆地国土空间的绝大部分。脆弱的生态环境使大规模高强度的工业化城镇化开发只能在适宜开发的有限区域集中展开。把西部地区建成我国重要的生态安全屏障，这是立足全国发展大局确立的战略定位，也是西部地区必须自觉担负的重大责任。以生态优先为导向，要求西部地区在推动经济结构转型升级中必须保持生态文明建设战略定力，不动摇、不松劲、不开口子，把生态环境保护建设摆到"压倒性位置"，决不能走以"绿水青山"换"金山银山"的老路。这既是西部地区推动经济结构转型升级的前提和基础，更是不能突破和触碰的底线和红线。

（二）"以绿色发展为导向"清晰指明了西部地区推动经济结构转型升级的路径方向

习近平总书记指出："绿色发展，就其要义来讲，是要解决好人与自

然和谐共生问题。"① 这充分彰显了谋求人与自然和谐共生的价值理念。以绿色发展为导向,把绿色作为经济结构的底色和责任、潜力和价值,完全符合西部地区实际,为统筹发展和保护的关系,彻底摆脱"先污染、后治理"路径依赖、破解"资源诅咒"困局,清晰指明了路径方向。这既是西部地区推动经济结构转型升级的内在要求,也是建设现代化西部的重大原则。只有这样做,才能实现经济社会发展与人口、资源、环境相协调,使绿水青山产生巨大生态效益、经济效益、社会效益。

(三)"以生态优先、绿色发展为导向"深刻阐明了发展和保护的辩证统一关系

一是"以生态优先、绿色发展为导向"集中体现了唯物辩证法的两点论。两点论告诉我们,凡事都要坚持一分为二的观点,"两个导向"鲜明地体现了这一哲学思想。经济结构调整和生态环境保护互相关联,并非"水火不相容",而是"鱼水不可分离",追求的是"双赢"。经济结构调整和生态环境保护又有"主次之分"。显然,把"以生态优先为导向"摆到首位这是西部地区经济结构转型升级中需要重点考虑的主要矛盾,处于优先位置,但这并不意味着就要放弃结构转型和经济发展。从两者的关联性上看,以绿水青山为本质特征的"保护"离不开以金山银山为物质支撑的"发展"。总之,发展和保护是辩证统一关系,两者须臾不可偏废。

二是"以生态优先为导向"充分体现了唯物辩证法的重点论。这个导向反映了"宁要绿水青山,不要金山银山"的核心思想,在结构调整和保护的关系上,如果经济结构转型升级是以破坏环境为代价的,那么这样的转型升级无疑是不可取的,因此最终只能作出宁可不要的抉择。西部地区正处在转方式、优结构、换动力的爬坡过坎的攻关期,阵痛和割舍不可避免,这就要求我们在发展中选好方向,突出重点,合理取舍。

---

① 中共中央文献研究室. 习近平关于社会主义经济建设论述摘编 [M]. 北京:中央文献出版社,2017.

三是"以绿色发展为导向"把发展和保护融为一体是科学世界观的统一论。绿色发展不是"一般的发展",它强调发展和保护的辩证统一性和相互依存性。绿水青山不可能也不应该孤立地存在,而应以科学合理的方式转化为金山银山。这方面,浙江省安吉县和内蒙古库布齐沙漠的经验与做法值得我们充分借鉴。然而,还有许多地方把结构调整和保护、把绿水青山和金山银山的关系割裂开甚至对立起来,要么守着绿水青山安于贫困,要么不惜绿水青山透支环境,这种非此即彼的做法无疑与科学发展、绿色发展相悖。绿色发展作为"绿水青山就是金山银山"路径方向,阐明了经济建设与生态文明建设、发展和保护之间的辩证统一关系,充分体现了保护生态环境就是保护生产力、改善生态环境就是发展生产力的唯物辩证法思想,为西部地区牢固树立和贯彻落实新发展理念提供了思想认识基础和科学的工作指引。总之,这条新路子为西部地区处理结构转型升级和生态环境保护关系时在"矛盾"中找到了"共生"之法,在"对立"中提供了"转化"之机,在"两难"中明确了"双赢"之路,完全符合西部地区发展实际。

二、统筹人口、经济、资源、环境综合协调,全面优化国土空间开发格局

构建人口、经济、资源、环境综合协调的空间格局,是走经济结构转型升级新路子的空间载体,更是加快形成发展和保护辩证统一关系的空间保障。目前,西部地区面临着资源环境综合承载能力弱、要素资源配置效率低下、生产力空间布局不合理、城乡区域发展不平衡、基础设施欠账较多等突出难题,现有空间格局还不能为走这条新路子提供有效的空间支撑和保障。当前,国家新一轮国土空间规划体系建设工作已经全面展开,西部地区被列为典型地区,这为西部地区从国土空间上处理好发展和保护关系、推动经济结构转型升级提供了难得的历史机遇。

一是划红线、设边界。坚持底线思维，以国土空间规划为依据，把城镇、农牧业、生态空间这"三区"以及生态保护红线、永久基本农田和草原保护红线、城镇开发边界这"三线"作为人口分布、推进城镇化、产业布局、资源开发利用不可逾越的红线和底线，在此基础上优化要素资源配置和生产力空间布局。

二是推进以人为核心的新型城镇化。在"三区""三线"总体框架下，坚持以人为核心的城镇化理念，重新谋划各地新型城镇化新格局，促进大中小城市和小城镇协调发展，全面提升城镇化服务功能，推动城乡一体化发展。

三是推动形成区域协调发展新格局。以"一带一路"建设、京津冀协同发展、长江经济带发展为引领，以重要交通走廊和中心城市为依托，着力培育若干带动区域协调协同发展的增长极，构建以陆桥通道西段、京藏通道西段、长江—川藏通道西段、沪昆通道西段、珠江—西江通道西段为五条横轴，以包昆通道、呼（和浩特）南（宁）通道为两条纵轴，以沿边重点地区为一环的"五横两纵一环"西部开发总体空间格局。

四是构建现代综合基础设施网络体系。继续加强交通、水利、能源、通信等基础设施建设，着力构建"五横四纵四出境"综合运输大通道，加快建设适度超前、结构优化、功能配套、安全高效的现代化基础设施体系，强化设施管护，提升基础保障能力和服务水平。

三、坚持山水林田湖草生命共同体原则，全面筑牢转型升级的生态安全基础

统筹山水林田湖草系统治理是新时代推进生态环境保护建设的行动指南。西部地区生态环境保护建设虽然实现了"整体遏制、局部好转"，但是也到了"进则全胜、不进则退"的历史关头。其中，一些领域的问题还比较突出。例如，水资源结构性、季节性短缺与水资源浪费的矛盾十分突出、土地沙化荒漠化、草原退化问题还没有得到根本解决，污染

防治攻坚战中还存在一些需要切实解决的问题等。习近平总书记一直强调，山水林田湖草是生命共同体。生态是统一的自然系统，是各种自然要素相互依存而实现循环的自然链条。我们要按照自然生态的整体性、系统性及其内在规律，统筹考虑自然生态各要素以及山上山下、地上地下、森林草原、湖泊湿地、戈壁沙地沙漠、上游中游下游，进行系统保护、宏观管控、综合治理，增强生态系统循环能力，维护生态平衡。因此，统筹山水林田湖草系统治理，要牢固树立"山水林田湖草是生命共同体"的理念，围绕解决生态系统保护与治理中的重点难点问题，在重点区域实施重大生态系统保护和修复工程，尽快提升其生态功能；健全完善山水林田湖草系统治理和保护管理制度，以生态系统治理体系和治理能力现代化提升生态系统健康与永续发展水平，切实提高生态系统生态产品供给能力。

四、保持战略定力，切实把转型升级的立足点转向提高质量和效益上来

当前，西部大部分省份经济下行压力比较大，有的地方开始动铺摊子上项目、以牺牲环境换取经济增长的念头，甚至想方设法突破生态保护红线；有的领导干部陷入"换挡焦虑"和"前途迷茫"的困局中。习近平总书记关于转方式、调整结构的历次重要讲话中都特别强调要坚持稳中求进的工作总基调，处理好稳与进的辩证统一关系。近年来，西部地区经济发展遇到的矛盾和问题，表面上看是经济下行压力大的速度问题，但根本上还是发展方式粗放、结构性失衡、质量不高、效益低下的问题。同时，引发了严重的生态问题和经济风险问题。如果不能把发展的立足点切实转到质量和效益上来，不仅现在扛不住，未来也不可能走长远。因此，必须以提高质量和效益为中心，在适度扩大总需求的同时，用转方式、优结构和换动力的方式来守住经济增长的底线，有效防范系统性经济金融风险，做大高质量的经济蛋糕，不断增强发展的后劲。

五、按照多元发展、多极支撑思路要求，加快构建产业发展新体系

围绕做好传统产业延伸升级和培育战略新兴产业两篇文章，按照产业多元发展、多极支撑的思路要求，以生态产业化和产业生态化为突破口，重塑西部地区产业核心竞争力，构建优势突出、创新能力较强、产业链条齐备、生态承载合理的现代产业发展新体系。

一是推动农牧业绿色转型升级。厚植农牧业发展基础，着力构建现代农牧业产业体系，加快形成资源利用高效、生态系统稳定、产地环境良好、产品质量安全、地域特色突出的农牧业发展新格局，促进农牧民持续增收，推动乡村振兴战略持续推进。

二是推动传统资源型工业转型升级。严控新增产能，确保完成去产能目标任务；优化能源生产和消费结构，积极推进煤炭分级分质利用，稳步发展清洁高效煤电，在具备条件的地区开展煤制油、煤制气、煤制烯烃等升级示范项目；合理推动油气资源开发，建设国家级的油气生产基地；加快可再生能源开发利用，积极开发水电，建设风电基地，加快发展太阳能发电，大力推广分布式光伏发电系统，培育建设风光电清洁能源基地和能源化工基地。推动资源精深加工，加强有色金属、战略性新兴矿产、盐湖等资源的勘探开发、冶炼分离、精深加工和综合利用；构建新型制造业体系，加快西部地区制造业绿色改造升级；促进产业互动协作，推动实施"互联网+"协同制造行动，推动西部地区传统产业数字化、网络化、智能化技术改造。

三是推动战略新兴产业突破性发展。培育符合西部地区实际的新一代信息技术、高端装备、新材料、新能源、生物医药等战略性新兴产业，形成新的主导产业；引导和支持有条件的地区发展大数据产业，开展云计算应用示范；深化区域合作，促进区域间战略性新兴产业协调发展，鼓励东部地区软件和信息技术公共服务平台、园区与西部地区加强协同

合作，支持发展多语种软件和信息技术服务业；积极发展地理信息产业，加强地理信息资源开发利用，打造西部地理信息产业应用示范基地；推动国防和民用领域先进技术双向转移转化，促进军民两用技术产业化发展，培育形成新的经济增长点。

四是引导现代服务业有序发展。建设现代物流服务体系，大力推进"互联网+"高效物流发展，发挥商业功能区和流通节点城市功能，打造高效便捷的西部物流大通道；推动实体商业加快转型升级，大力发展商业新模式、经营新业态，创新物流资源配置方式，进一步提高流通效率，降低流通成本；加快发展家政、养老、健康等生活性服务业；加快发展高技术服务业和生产性服务业，积极培育工业设计、建筑设计、工程设计、数据挖掘、会计审计、管理咨询、会展商贸、人力资源服务等专业服务业，鼓励国内外知名科技服务机构在西部地区设立分支机构或开展业务合作；落实西部大开发文化产业税收优惠政策，促进文化产业健康发展；推动出版发行、影视制作等传统文化产业转型升级，实施特色文化产业发展工程，大力发展具有地方和民族特色的文化创意、网络视听、移动多媒体、数字出版、动漫游戏产业；加快旅游业改革发展，鼓励多元资本进入旅游市场，优化旅游发展软硬环境，推进旅游配套设施建设。

六、深化重点领域改革，不断激发转型升级内生动力

持续深化政府机构改革，加快转变政府职能，健全科学决策机制，提高行政效能。深化垄断行业和国资国企改革，鼓励、支持和引导非公有制经济发展，加快形成多种所有制经济平等竞争、共同发展新格局。继续深化电价、水价等价格改革，理顺煤电价格关系，开展水权交易，深化小型水利工程产权制度改革。有序推进农村牧区土地制度改革。依法保护市场主体产权与创新收益，加强知识产权保护和运用。加快建设社会信用体系，构筑诚实守信的经济社会环境。全面落实国家减税降费

第六章　西部地区推动经济结构转型升级的战略构想与对策建议

各项政策措施，降低制度性交易成本，形成营商环境好、要素成本低、市场潜力大的叠加优势，吸引各类资本特别是民间资本踊跃参与西部大开发。加快建立符合西部地区实际的多元化、可持续投融资体制。统筹发挥商业性金融、开发性金融、政策性金融与合作性金融、新兴金融的协同作用，形成分工合理、相互补充的金融体系，加大对重大基础设施建设、现代农牧业、民生领域的支持力度，推动提升小微企业金融服务。推进融资平台公司市场化转型，规范地方政府债务管理，合理安排政府债务限额，有效防范经济金融风险。加大技术研发投入力度，加快关键技术研发和成果转化，健全支撑创新创业的体制机制，营造有利于全面创新的社会氛围，促进新技术、新产业、新业态、新模式形成和发展，实现理论创新、科技创新、制度创新的有机统一和协同发展，为西部地区经济社会持续发展提供强大动力。深刻把握经济结构变化对劳动关系工作提出的新要求，坚持以人民为中心的思想，落实新发展理念，不断加强调整劳动关系的法律、体制、制度和机制建设，深化收入分配制度改革，提升广大劳动者的获得感、幸福感、安全感，以更好地满足人民日益增长的美好生活需要。

七、发展更高层次开放型经济，不断拓展转型升级新空间

促进西部大开发与"一带一路"建设、长江经济带发展紧密衔接、相互支撑，加快内陆沿边开放步伐，推进同有关国家和地区多领域互利共赢务实合作，打造陆海内外联动、东西双向开放的全面开放新格局。

一是全面融入国家"一带一路"建设。深度融入国家"一带一路"建设，充分发挥各地区比较优势，围绕"五通"，推进中蒙俄、新亚欧大陆桥、中国—中亚—西亚、中国—中南半岛、中巴、孟中印缅等国际经济走廊境内段建设，提升对经济结构转型升级的支撑能力；加快构建联通内外、安全高效的跨境基础设施网络，稳步拓展内陆无水港体系；加强与长江经济带综合立体交通走廊等衔接；加强现代产业基地建设，

推进国际产能和装备制造合作，探索与相关国家合作建设高标准的产业集聚区；提升重点省会城市国际化水平和辐射带动能力，打造对外开放重要门户和枢纽；推动城市间增开国际航线，拓展国内段业务；完善多层次对外交流合作平台体系，夯实"一带一路"沿线国家和地区民心相通、共同发展的民意基础。

二是大力发展内陆开放型经济。建立更加适应开放型经济发展的行政管理和公共服务体制，扩大西部内陆地区特色优势产业对外开放，增加利用外资规模，提升引进外资质量，有序开展对外直接投资；大力发展服务贸易，加强服务外包产业基础设施建设，推进外贸优进优出；促进加工贸易向西部地区有序梯次转移，全面推进"单一窗口"、一站式作业、一体化通关，提高国际贸易便利化水平；鼓励内陆开放型经济试验区在更多领域先行先试，为发展内陆开放型经济、完善对外开放格局探索新路径；推广上海等自由贸易试验区改革试点经验，充分发挥西部地区自贸试验区示范引领作用，推动形成更加开放透明、更加规范高效的体制环境，激发更大活力，拓展发展空间。

三是加快沿边地区开发开放。充分发挥沿边省（区）和沿边各类开发开放功能区作用，大力推进兴边富民行动，建设丝绸之路经济带核心区及我国向西、向北开放的窗口和向东南亚、南亚开放的重要门户，将沿边地区建设成为沟通我国内陆地区与周边国家的合作交往平台；鼓励边境地区与毗邻国家地方政府加强务实合作，支持边境经济合作区加快发展，稳步发展跨境经济合作区；推动沿边重点地区的海关特殊监管区域深化"一线放开""二线安全高效管住"监管服务改革，支持特色优势产业发展及其产品进出口；积极推进沿边金融综合改革试验区建设，在符合条件的沿边地区复制推广有益经验；加大沿边陆路口岸建设力度，加强与毗邻国家口岸合作，共同提升口岸通关能力；培育壮大边境口岸城镇，建设国际贸易物流节点和加工基地，促进人员往来便利化；优化边民互市贸易检验检疫管理制度，强化口岸检疫，加强国际防控传染病疫情合作。支持沿边地区建设面向"一带一路"沿线国家的西部特色出口产品质量安全示范区,支持边境旅游试验区和跨境旅游合作区建设。

四是提升区域间互动合作水平。推进西部地区与东中部和东北地区、西部省、自治区、直辖市之间依托现有机制,建立完善合作平台,开展跨区域合作。积极参与推进长江经济带发展和京津冀协同发展,深化泛珠三角、泛北部湾等区域合作,建立毗邻地区衔接机制,促进区域一体化和良性互动;引导东中部地区产业向西部地区有序转移,加强产业转移示范区建设,鼓励东部地区制造业到西部沿边地区投资设厂、建立基地,共同开拓周边国家(地区)市场;探索建设"飞地产业园区"、跨省合作园区等合作模式,鼓励和支持沿海发达地区与西部地区共建进口资源深加工基地和出口加工基地;加强推动跨省、自治区、直辖市基础设施对接,着力打通断头路。在海关通关、检验检疫、多式联运、电商物流等方面加强合作,提高经济要素跨区域流动效率。

参考文献

[1] 安虎森,吴浩波. 利用空间面板数据模型研究空间相关性问题——来自地级及地级以上城市样本数据[J]. 西南民族大学学报(人文社科版),2015(5):107-115.

[2] 白暴力,白瑞雪. 总需求模型与经济周期——马克思经济理论基础上的模型[J]. 福建论坛(人文社会科学版),2013(1):56-61.

[3] 白萍,伊成山. 城乡居民消费升级的内生动力机制——基于互联网视角的考察[J]. 商业时代,2019(8):40-44.

[4] 包清临. 新常态下我国经济发展路径依赖的特征及成因[J]. 甘肃社会科学,2017(1):222-228.

[5] 蔡昉. 全要素生产率是新常态经济增长动力[J]. 党政干部参考,2016(1):19-20.

[6] 蔡昉. 认识中国经济减速的供给侧视角[J]. 经济学动态,2016(4):14-22.

[7] 蔡昉. 引领新常态才有中高速[J]. 经济研究,2015(12):4-6.

[8] 蔡萌,岳希明. 从马克思到皮凯蒂:收入分配的跨世纪之辩[J]. 经济学动态,2016(11):13-23.

[9] 曾国安,马宇佳. 金融结构差异对东、中、西部地区经济增长的影响——基于中国省际面板数据的实证分析[J]. 经济问题,2017(9):34-40.

[10] 常修泽. 论人本型经济结构——对中国新阶段结构转型战略的新思考 [J]. 经济社会体制比较, 2015 (5): 22-36.

[11] 常远, 吴鹏. 产业集聚对收入分配的影响机制与效应差异分析 [J]. 产经评论, 2018 (6): 68-80.

[12] 钞小静, 沈坤荣. 城乡收入差距、劳动力质量与中国经济增长 [J]. 经济研究, 2014 (6): 30-43.

[13] 陈丹妮. 城镇化对产业结构演进的影响 [J]. 财经科学, 2017 (11): 65-77.

[14] 陈明星. 积极探索城乡融合发展长效机制 [J]. 区域经济评论, 2018 (3): 119-121.

[15] 陈强. 高级计量经济学及Stata应用（第二版） [M]. 北京: 高等教育出版社, 2014.

[16] 陈耀. 我国区域发展要主动适应经济"新常态" [J]. 区域经济评论, 2014 (6): 23-26.

[17] 陈宇辉, 倪志良. 收入结构与城乡家庭收入不平等——源于CHIP2013的实证研究 [J]. 经济问题探索, 2018 (6): 58-66.

[18] 陈雨露. "新常态"下的经济和金融学理论创新 [J]. 经济研究, 2015 (12): 10-12.

[19] 陈运平, 何珏, 钟成林. "福音"还是"诅咒": 资源丰裕度对中国区域经济增长的非对称影响研究 [J]. 宏观经济研究, 2018 (11): 139-152.

[20] 程婉静, 武康平, 田亚峻. 劳动力年龄结构对中国经济发展的影响 [J]. 技术经济, 2019 (1): 104-111.

[21] 程忠, 黄少安. 合理性产业结构趋同的理论标准与中国的实证 [J]. 财经问题研究, 2016 (9): 23-30.

[22] 储德银, 黄文正, 赵飞. 地区差异、收入不平等与城乡居民消费 [J]. 经济学动态, 2013 (1): 46-52.

[23] 戴觅, 茅锐. 产业异质性、产业结构与中国省际经济收敛

[J]. 管理世界, 2015 (6): 34-46.

[24] 邓明. 人口年龄结构与中国省际技术进步方向 [J]. 经济研究, 2014 (3): 130-143.

[25] 杜静. 试论基于新常态下的区域经济发展的动力机制 [J]. 经济研究导刊, 2017 (18): 38-39.

[26] 段艳芳. 经济结构变迁与供给侧结构性改革 [J]. 经济问题探索, 2017 (6): 174-179.

[27] 方凤玲, 白暴力. 习近平经济新常态思想对马克思主义政治经济学的丰富与发展 [J]. 人文杂志, 2018 (7): 18-25.

[28] 方丽婷, 李坤明. 经济结构与经济增长——基于面板平滑转换模型的实证分析 [J]. 工业技术经济, 2015 (4): 121-128.

[29] 方竹兰. 经济"新常态"下的区域发展动力源于创新 [J]. 区域经济评论, 2014 (6): 30-32.

[30] 冯丽红. 基于VAR模型的我国经济总需求的影响因素分析 [J]. 中国证券期货, 2013 (5): 175.

[31] 付才辉. 产业结构变迁中的二元经济——分析中国的不均等与增长趋势 [J]. 产业经济研究, 2014 (5): 11-22.

[32] 付强. 混合型经济结构中现代经济体系建设路径分析 [J]. 理论探讨, 2018 (5): 121-127.

[33] 傅晓霞, 吴利学. 技术差距、创新路径与经济赶超——基于后发国家的内生技术进步模型 [J]. 经济研究, 2013 (6): 19-32.

[34] 高波. 新常态下中国经济增长的动力和逻辑 [J]. 南京大学学报 (哲学·人文科学·社会科学), 2016 (3): 31-42.

[35] 高帆, 汪亚楠. 城乡收入差距是如何影响全要素生产率的? [J]. 数量经济技术经济研究, 2016 (1): 93-110.

[36] 顾海良. 习近平经济思想的新境域——学习习近平总书记系列重要讲话体会之五十二 [J]. 前线, 2014 (9): 64-67.

[37] 郭克莎, 汪红驹. 经济新常态下宏观调控的若干重大转变

[J]．中国工业经济，2015（11）：5-15．

[38] 郭林涛．"新常态"语境下习近平经济战略思想及其指导意义[J]．决策探索（下半月），2015（2）：25-26．

[39] 韩其恒，李俊青，刘鹏飞．要素重新配置型的中国经济增长[J]．管理世界，2016（1）：10-28．

[40] 韩文龙，谢璐．马克思经济学收入分配理论的核心范畴及启示[J]．经济纵横，2018（5）：44-51．

[41] 韩永辉，黄亮雄，王贤彬．产业结构优化升级改进生态效率了吗？[J]．数量经济技术经济研究，2016（4）：41-60．

[42] 洪功翔，顾青青，董梅生．国有经济与民营经济共生发展的理论与实证研究——基于中国2000—2015年省级面板数据[J]．政治经济学评论，2018（5）：71-103．

[43] 洪银兴．进入新阶段后中国经济发展理论的重大创新[J]．中国工业经济，2017（5）：7-17．

[44] 胡滨．把握经济新常态 实现改革新跨越[N]．金融时报，2014-11-24（11）．

[45] 胡锋．混合所有制企业竞争力研究[J]．上海经济研究，2017（10）：15-23．

[46] 胡援成，肖德勇．经济发展门槛与自然资源诅咒——基于我国省际层面的面板数据实证研究[J]．管理世界，2007（4）：15-23．

[47] 黄玖立，范皓然．资本配置效率与地区比较优势[J]．经济学动态，2016（4）：70-84．

[48] 黄群慧，张艳芳，江飞涛，等．工业经济增速回落 新常态亟需新动力[J]．中国经贸导刊，2014（36）：17-19．

[49] 黄霄．新常态下提高中国经济增长质量的路径选择[J]．中国集体经济，2019（6）：27-28．

[50] 黄志钢，刘霞辉．"新常态"下中国经济增长的路径选择[J]．经济学动态，2015（9）：53-64．

[51] 金碚. 新常态下的区域经济发展战略思维 [J]. 区域经济评论, 2015 (3): 5-10.

[52] 金成武. 城乡融合发展的理论基础: 财富可积累性视角 [J]. 经济学动态, 2018 (12): 50-65.

[53] 李春林, 冯丽红. 基于面板数据的我国地区经济总需求的聚类分析 [J]. 统计与管理, 2013 (6): 54-56.

[54] 李红伟, 刘志广. 经济周期、人力资本与新结构经济增长理论研究 [J]. 经济论坛, 2019 (1): 23-29.

[55] 李虹, 邹庆. 环境规制、资源禀赋与城市产业转型研究——基于资源型城市与非资源型城市的对比分析 [J]. 经济研究, 2018, 53 (11): 184-200.

[56] 李家祥, 杨嘉懿. 五大发展理念引领经济发展新常态 [J]. 领导之友, 2017 (10): 17-19.

[57] 李建标, 王高阳, 李帅琦, 等. 混合所有制改革中国有和非国有资本的行为博弈——实验室实验的证据 [J]. 中国工业经济, 2016 (6): 109-126.

[58] 李江龙, 徐斌. "诅咒"还是"福音": 资源丰裕程度如何影响中国绿色经济增长? [J]. 经济研究, 2018, 53 (9): 153-169.

[59] 李涛, 周业安. 财政分权视角下的支出竞争和中国经济增长: 基于中国省级面板数据的经验研究 [J]. 世界经济, 2008 (11): 3-15.

[60] 李伟. 新常态下中国经济: 确立新优势、培育新动力 [J]. 宁波经济 (三江论坛), 2016 (1): 3-6.

[61] 李伟. 在世界格局变动中把握中国经济新常态 [J]. 求是, 2015 (18): 27-30.

[62] 李旭超, 申广军. 僵尸企业与中国全要素生产率的动态演化 [R], 经济研究工作论文, WP1187, 2017.

[63] 李言, 毛丰付. 货币政策应该对房价波动做出反应吗——基

于中国房地产市场衰退情境的模拟分析 [J]. 当代经济科学, 2017 (5): 30-38.

[64] 李育, 刘凯. 宏观收入分配格局对总需求的影响 [J]. 财经问题研究, 2018 (12): 96-104.

[65] 李跃. 城市产业结构形态变迁及其内生动因: 理论与实证 [J]. 现代财经: 天津财经大学学报, 2017 (3): 107-120.

[66] 李跃. 企业异质性、地区发展战略与资源错配——来自中国工业企业层面的经验证据 [J]. 西部论坛, 2017 (4): 105-115.

[67] 李中义, 李月. 发展混合所有制经济的路径 [J]. 经济研究参考, 2016 (24): 33-34.

[68] 梁永福, 苏启林, 陈林. 混合所有制改革的优先顺序及其影响因素——基于国家、企业与社会三方合力视角 [J]. 产业经济研究, 2017 (2): 88-101.

[69] 林岗. 从马克思主义视角看收入分配的理论和现实 [J]. 政治经济学评论, 2015 (1): 217-225.

[70] 林秀梅, 张廷廷, 孙海波. 中国经济增长供给侧动力结构及其演进特征 [J]. 西安交通大学学报 (社会科学版), 2017 (2): 10-16.

[71] 林毅夫. 补短板是供给侧结构性改革的"活棋" [J]. 财经界: 学术版, 2017 (7): 13-14.

[72] 林毅夫. 新常态下经济热点问题辨析 [J]. 财经界, 2015 (16): 49-51.

[73] 林毅夫. 新结构经济学的理论基础和发展方向 [J]. 经济评论, 2017 (3): 4-16.

[74] 林毅夫. 中国经济发展要走比较优势之路 [J]. 经济导刊, 2013 (5): 50-53.

[75] 林志帆, 龙晓旋. 金融结构与发展中国家的技术进步——基于新结构经济学视角的实证研究 [J]. 经济学动态, 2015 (12):

59-70.

[76] 刘东皇, 孟范昆, 季小立. 中国宏观经济结构优化的多维度研究 [J]. 经济学家, 2013 (11): 44-50.

[77] 刘东皇, 谢忠秋, 季小立. 新常态下中国经济结构优化: 障碍与突破路径 [J]. 青海社会科学, 2017 (1): 86-92.

[78] 刘锋. 经济发展新常态下破解"中国式难题"的战略思维与现实路径——中共十八届五中全会的"五大发展理念"解读 [J]. 广西社会主义学院学报, 2016 (2): 5-9.

[79] 刘慧, 程艺. "一带一路"建设对中国沿边地区发展影响的区域分异 [J]. 区域经济评论, 2018 (6): 91-97.

[80] 刘那日苏, 袁雪晴. 自然资源开发、空间溢出与经济增长——基于空间面板回归偏微分效应分解方法的实证 [J]. 软科学, 2017, 31 (10): 90-95.

[81] 刘茜. 经济结构与贸易失衡之间关系的理论辨析——西方经典贸易理论与马克思主义理论的比较 [J]. 政治经济学评论, 2014 (1): 128-140.

[82] 刘世锦. 新常态下强而有道政府才能支撑强而有效市场 [J]. 财经界, 2014 (34): 26-29.

[83] 刘世锦. 新常态下需要质量导向的发展目标 [J]. 政策瞭望, 2015 (1): 49-51.

[84] 刘文丽, 郝万禄, 夏球. 我国科技金融对经济增长影响的区域差异——基于东部、中部和西部面板数据的实证分析 [J]. 宏观经济研究, 2014 (2): 87-94.

[85] 刘晓萍. 我国经济结构失衡的突出矛盾与治理对策 [J]. 经济纵横, 2014 (8): 55-60.

[86] 刘燕妮, 安立仁, 金田林. 经济结构失衡背景下的中国经济增长质量 [J]. 数量经济技术经济研究, 2014 (2): 20-35.

[87] 刘扬, 梁峰. 居民收入比重为何下降——基于收入和支出的

双重视角 [J]. 经济学动态, 2013 (5): 48-53.

[88] 刘耀彬, 黄梦圆, 白彩全. 自然资源与经济增长——基于金融发展门槛效应 [J]. 自然资源学报, 2015 (12): 1982-1993.

[89] 刘英基, 杜传忠, 刘忠京. 走向新常态的新兴经济体产业转型升级路径分析 [J]. 经济体制改革, 2015 (1): 117-121.

[90] 刘英奎. 新常态下区域经济发展的新特点 [J]. 区域经济评论, 2015 (2): 65-67.

[91] 柳欣, 赵雷, 吕元祥. 我国经济增长中的需求结构失衡探源——基于存量—流量均衡的分析视角 [J]. 经济学动态, 2012 (7): 59-65.

[92] 卢江, 杨光.《资本论》对产业结构升级约束条件的理论解析 [J]. 经济纵横, 2017 (6): 1-6.

[93] 卢强, 付华. 供给侧结构性改革下经济结构转型路径研究 [J]. 中国物价, 2017 (1): 35-37.

[94] 芦思姮. "资源诅咒"命题及其制度传导机理研究 [J]. 学术探索, 2017 (8): 82-87.

[95] 陆江源, 张平, 袁富华, 等. 结构演进、诱致失灵与效率补偿 [J]. 经济研究, 2018 (9): 6-21.

[96] 罗楚亮. 高收入人群缺失与收入差距低估 [J]. 经济学动态, 2019 (1): 15-27.

[97] 吕明元、尤萌萌. 韩国产业结构变迁对经济增长方式转型的影响——基于能耗碳排放的实证分析 [J]. 世界经济研究, 2013 (7): 73-81.

[98] 马光远. 中国经济新常态下的战略思维与政策应对 [J]. 北京观察, 2015 (3): 30-33.

[99] 马笑天, 兰伟. 经济新常态下我国经济增长动力因素的变化探究 [J]. 中国物价, 2017 (5): 3-5.

[100] 马宇, 杜萌. 对资源诅咒传导机制的实证研究——基于技术

创新的视角 [J]. 经济学动态, 2013 (1): 90-95.

[101] 宁光杰. 居民财产性收入差距: 能力差异还是制度阻碍?——来自中国家庭金融调查的证据 [J]. 经济研究, 2014 (1): 104-117.

[102] 潘珊, 龚六堂, 李尚骜. 中国经济的"双重"结构转型与非平衡增长 [J]. 经济学: 季刊, 2017 (1): 101-124.

[103] 逄锦聚. 经济发展新常态中的主要矛盾和供给侧结构性改革 [J]. 经济研究参考, 2016 (13): 15-28.

[104] 钱浩祺, 吴力波, 任飞州. 从"鞭打快牛"到效率驱动: 中国区域间碳排放权分配机制研究 [J]. 经济研究, 2019 (3): 88-104.

[105] 秦华英. 混合所有制改革影响国有企业创新的机制分析 [J]. 管理世界, 2018 (7): 174-175.

[106] 秦天程. 中国经济新常态的实质特征 [J]. 经济研究参考, 2015 (30): 10-11.

[107] 渠慎宁, 李鹏飞, 吕铁. "两驾马车"驱动延缓了中国产业结构转型?——基于多部门经济增长模型的需求侧核算分析 [J]. 管理世界, 2018 (1): 66-77.

[108] 瞿亦玮, 张瑛. 经济发展进程中的需求结构变迁——中等收入阶段需求结构变化的跨经济体比较分析 [J]. 经济评论, 2018 (5): 162-172.

[109] 饶龙先. 供给侧结构性改革: 新常态下中国经济发展方式的转变 [J]. 金融理论与教学, 2016 (6): 62-65.

[110] 任保平, 张蓓. 新常态下我国经济创新发展的动力与路径 [J]. 福建论坛 (人文社会科学版), 2018 (3): 15-22.

[111] 任保平, 周志龙. 新常态下以工业化逻辑开发中国经济增长的潜力 [J]. 社会科学研究, 2015 (2): 35-41.

[112] 邵帅, 范美婷, 杨莉莉. 资源产业依赖如何影响经济发展效率?——有条件资源诅咒假说的检验及解释 [J]. 管理世界, 2013

(2)：32-63.

[113] 邵帅, 齐中英. 西部地区的能源开发与经济增长——基于"资源诅咒"假说的实证分析 [J]. 经济研究, 2008 (4)：147-160.

[114] 邵帅, 杨莉莉. 自然资源丰裕、资源产业依赖与中国区域经济增长 [J]. 管理世界, 2010 (9)：26-44.

[115] 沈镭, 刘立涛, 王礼茂, 等. 2050年中国能源消费的情景预测 [J]. 自然资源学报, 2015 (3)：361-373.

[116] 沈玲. 新常态下区域经济发展的动力转换问题探讨 [J]. 商业经济研究, 2016 (5)：196-198.

[117] 盛垒, 权衡. 区域经济分化态势与经济新常态地理格局 [J]. 复旦学报（社会科学版）, 2018 (3)：141-151.

[118] 石薛桥, 段宇洁, 郭瑞洁. "一带一路"倡议对中国产业结构优化升级影响的实证研究 [J]. 商业经济研究, 2019 (3)：174-176.

[119] 史晋川, 刘青. 劳资分配、总需求结构与中国经济增长 [J]. 浙江社会科学, 2017 (9)：25-33.

[120] 宋立. 中国经济新常态与城镇化新趋势 [J]. 经济体制改革, 2015 (1)：9-9.

[121] 宋丽敏. 城镇化会促进产业结构升级吗？——基于1998-2014年30省份面板数据实证分析 [J]. 经济问题探索, 2017 (8)：75-83.

[122] 宋湛, 刘培林. "新常态"对发展经济学的创新 [N]. 经济日报, 2015-02-13 (14).

[123] 孙华臣, 孙丰凯. 城乡收入差距对碳排放影响的经验证据——兼论"公平"何以提升"效率" [J]. 宏观经济研究, 2016 (1)：47-58.

[124] 孙久文. 新常态下的"十三五"时期区域发展面临的机遇与挑战 [J]. 区域经济评论, 2015 (1)：23-25.

[125] 孙林. 新常态背景下中国经济增长的潜在动力因素分析

[J]. 开发研究, 2016 (3): 39-43.

[126] 孙早, 肖利平, 刘李华. 产业所有制结构变化与产业创新绩效改善——国有企业为主的产业所有制结构就一定不利于产业创新吗? [J]. 南开经济研究, 2017 (6): 3-19.

[127] 唐未兵, 伍敏敏. 财政分权与资源配置效率关系研究进展 [J]. 经济学动态, 2017 (4): 122-132.

[128] 唐文强, 严明义. 经济结构调整与经济增长: 基于多维结构约束效应的视角 [J]. 经济问题探索, 2014 (3): 19-25.

[129] 田利涛. 基于经济新常态背景探讨我国经济发展与改革问题 [J]. 商业经济研究, 2018 (23): 187-190.

[130] 王兵, 颜鹏飞. 中国的生产率与效率: 1952~2000——基于时间序列的 DEA 分析 [J]. 数量经济技术经济研究, 2006 (8): 22-30.

[131] 王成. 自然资源与经济增长关系研究文献综述 [J]. 经济学动态, 2010 (6): 80-83.

[132] 王海军, 冯乾. 供给侧结构性改革的经济学理论内涵——基于总供给总需求的分析框架 [J]. 西安交通大学学报: 社会科学版, 2016 (6): 9-15.

[133] 王嘉懿, 崔娜娜. "资源诅咒" 效应及传导机制研究——以中国中部 36 个资源型城市为例 [J]. 北京大学学报 (自然科学版), 2018 (6): 1259-1266.

[134] 王敏, 曹润林. 城镇化对我国城乡居民财产性收入差距影响的实证研究 [J]. 宏观经济研究, 2015 (3): 78-86.

[135] 王明泉, 谭洪亮. 新常态概念的哲学价值和实践意义 [N]. 学习时报, 2015-03-09.

[136] 王鹏, 尤济红. 产业结构调整中的要素配置效率——兼对 "结构红利假说" 的再检验 [J]. 经济学动态, 2015 (10): 72-82.

[137] 王颂吉, 白永秀. 城乡要素错配与中国二元经济结构转化滞

后：理论与实证研究 [J]. 中国工业经济, 2013 (7): 31-43.

[138] 王颂吉, 白永秀. 转变经济发展方式的影响因素与战略举措 [J]. 未来与发展, 2013 (6): 29-33.

[139] 王苏生, 胡王江, 付波航. 新常态下的区域协调发展与区域合作——第二十届全国经济地理研究会年会观点综述 [J]. 区域经济评论, 2017 (4): 140-146.

[140] 王婷, 郑丽珠. 新常态下中国经济增长动力转换的理论与路径分析 [J]. 当代经济, 2018 (17): 13-15.

[141] 王小鲁, 樊纲, 余静文. 中国分省份市场化指数报告 (2016) [M]. 北京: 社会科学文献出版社, 2017.

[142] 王欣亮, 刘飞. 创新要素、空间配置与产业结构升级——基于我国1998-2015年面板数据 [J]. 大连理工大学学报 (社会科学版), 2018 (4): 7-14.

[143] 王旭, 陈蓉, 李明宝. 科技创新对区域经济的影响研究——基于省际面板数据的实证分析 [J]. 工业技术经济, 2018 (9): 41-46.

[144] 王雪. 马克思社会经济结构理论探析 [J]. 中国集体经济, 2019 (1): 85-86.

[145] 王勋. 金融抑制与经济结构转型 [J]. 经济研究, 2013 (1): 54-67.

[146] 王一鸣. 认清动因是主动适应新常态的前提 [J]. 求是, 2015 (1): 29-30.

[147] 王一鸣. 新常态下区域发展的新特征 [J]. 经济研究参考, 2016 (30): 37-37.

[148] 王艺明, 刘一鸣. 马克思主义两大部类经济增长模型的理论与实证研究 [J]. 经济研究, 2018 (9): 39-53.

[149] 王勇, 沈仲凯. 禀赋结构、收入不平等与产业升级 [J]. 经济学: 季刊, 2018 (2): 357-380.

[150] 王元亮. 城乡一体化发展的共生路径与区域实践 [J]. 区域经济评论, 2014 (4): 131-134.

[151] 魏杰. 经济新常态下的产业结构调整及相关改革 [J]. 经济纵横, 2015 (6): 1-5.

[152] 魏敏, 李书昊. 新时代中国经济高质量发展水平的测度研究 [J]. 数量经济技术经济研究, 2018, 35 (11): 4-21.

[153] 文雁兵. 发展型政府的阵痛: 名义攫取之手与资源诅咒效应 [J]. 经济社会体制比较, 2018 (5): 116-126.

[154] 吴汉全. 习近平"经济新常态"范畴构建的逻辑进路 [J]. 理论视野, 2018 (12): 16-22.

[155] 吴敬琏. 如何顺利实现中国经济发展新常态 [J]. 行政管理改革, 2015 (10): 11-16.

[156] 吴万宗, 刘玉博, 徐琳. 产业结构变迁与收入不平等——来自中国的微观证据 [J]. 管理世界, 2018 (2): 29-40.

[157] 伍戈, 刘琨. 破解中国经济困局: 基于总供给—总需求的分析框架 [J]. 国际经济评论, 2013 (5): 40-54.

[158] 武剑, 戴潇, 严良. 产业结构有序度与矿产资源密集型区域可持续发展关系研究 [J]. 宏观经济研究, 2015 (7): 118-128.

[159] 夏飞, 曹鑫, 赵锋. 基于双重差分模型的西部地区"资源诅咒"现象的实证研究 [J]. 中国软科学, 2014 (9): 127-135.

[160] 谢春玲, 费利群. 供给结构改革与需求结构改革互动关系研究 [J]. 经济学家, 2017 (5): 22-27.

[161] 谢恺. 关于我国实体经济与虚拟经济及其关系的观点综述 [J]. 经济研究参考, 2017 (48): 39-45.

[162] 熊建益, 刘勇, 王艳云. 基于总指数测度的经济结构转型升级研究 [J]. 商业经济研究, 2016 (16): 130-132.

[163] 徐伟呈, 范爱军. "互联网+"驱动下的中国产业结构优化升级 [J]. 财经科学, 2018 (3): 119-132.

[164] 严成樑, 徐翔. 生产性财政支出与结构转型 [J]. 金融研究, 2016 (9): 99-114.

[165] 严丹, 孙力军. 投资对消费影响的再考察: 基于实体—虚拟二部门动态优化模型估计 [J]. 消费经济, 2017 (33): 34-42.

[166] 颜鹏飞, 王兵. 技术效率、技术进步与生产率增长: 基于DEA 的实证分析 [J]. 经济研究, 2004 (12): 55-65.

[167] 颜色, 郭凯明, 杭静. 需求结构变迁、产业结构转型和生产率提高 [J]. 经济研究, 2018 (12): 83-96.

[168] 杨丹萍, 杨丽华. 对外贸易、技术进步与产业结构升级: 经验、机理与实证 [J]. 管理世界, 2016 (11): 172-173.

[169] 杨立勋, 姜增明. 产业结构与城镇化匹配协调及其效率分析 [J]. 经济问题探索, 2013 (10): 34-39.

[170] 杨莉莉, 邵帅, 曹建华. 资源产业依赖对中国省域经济增长的影响及其传导机制研究——基于空间面板模型的实证考察 [J]. 财经研究, 2014 (3): 4-16.

[171] 杨亮. 用创新思维引领新常态 [N]. 光明日报, 2015-01-29 (13).

[172] 杨琦, 尹华北. 基础设施投资及结构、地区差异对农村居民消费影响的实证研究 [J]. 消费经济, 2017 (4): 28-35.

[173] 杨先明, 奉开强. 技术变迁、收入收敛的长期趋势与中国经济增长 [J]. 经济学动态, 2015 (6): 78-86.

[174] 杨枝茂. 发展战略新兴产业对促进我国产业结构升级的影响研究 [J]. 商业经济研究, 2018 (15): 178-180.

[175] 姚予龙, 周洪, 谷树忠. 中国资源诅咒的区域差异及其驱动力剖析 [J]. 资源科学, 2011 (1): 18-24.

[176] 易先忠, 包群, 高凌云, 等. 出口与内需的结构背离: 成因及影响 [J]. 经济研究, 2017 (7): 79-93.

[177] 殷杰兰. 改革开放 40 年居民消费对经济结构转型的影响

[J]. 财经科学, 2018 (10): 73-83.

[178] 殷军, 皮建才, 杨德才. 国有企业混合所有制的内在机制和最优比例研究 [J]. 南开经济研究, 2016 (1): 20-34.

[179] 于晗. 产业结构与就业结构演进趋势及预测 [J]. 财经问题研究, 2015 (6): 26-31.

[180] 袁吉伟. 总供给冲击、总需求冲击与我国经济波动关系的实证研究 [J]. 金融与经济, 2013 (1): 65-68.

[181] 原鹏飞, 冯蕾. 经济增长、收入分配与贫富分化——基于DCGE模型的房地产价格上涨效应研究 [J]. 经济研究, 2014 (9): 77-90.

[182] 张冰石, 马忠, 夏子航. 国有企业混合所有制改革理论研究 [J]. 经济体制改革, 2017 (6): 7-13.

[183] 张复明, 景普秋. 资源型经济及其转型研究述评 [J]. 中国社会科学, 2006 (6): 78-87.

[184] 张海纳. 经济新常态下我国区域经济发展研究 [J]. 现代经济信息, 2018 (13): 472-472.

[185] 张晖. 实现经济"新常态"下的区域科学发展 [J]. 区域经济评论, 2014 (6): 35-36.

[186] 张军, 吴桂英, 张吉鹏. 中国省际物质资本存量估算: 1952—2000 [J]. 经济研究, 2004 (10): 35-44.

[187] 张开, 顾梦佳, 崔晓雪, 等. 发展新理念引领经济发展新常态——国内相关研究进展与评述 [J]. 改革与战略, 2016 (8): 43-50.

[188] 张可云. 论中国区域经济的新常态 [J]. 区域经济评论, 2015 (2): 5-9.

[189] 张可云. 新时代的中国区域经济新常态与区域协调发展 [J]. 国家行政学院学报, 2018 (3): 102-108.

[190] 张攀, 吴建南. 政府干预、资源诅咒与区域创新——基于中

国大陆省级面板数据的实证研究［J］．科研管理，2017（1）：62-69．

［191］张培刚．农业与工业化［M］．北京：中国人民大学出版社，2014．

［192］张伟，朱启贵，高辉．产业结构升级、能源结构优化与产业体系低碳化发展［J］．经济研究，2016（12）：62-75．

［193］张小瑛，张俊山．信息技术变革时期我国国民经济结构体系的矛盾与协调［J］．政治经济学评论，2018（3）：190-202．

［194］张晓晶．试论中国宏观调控新常态［J］．经济学动态，2015（4）：12-22．

［195］张晓莹，张红凤．环境规制对中国技术效率的影响机理研究［J］．财经问题研究，2014（5）：126-131．

［196］张秀生，王鹏．经济发展新常态与产业结构优化［J］．经济问题，2015（4）：46-49．

［197］张银银，邓玲．创新的产业差异与产业结构升级研究［J］．经济问题探索，2013（6）：146-152．

［198］张永安，张彦军，马昱．产业结构升级对经济发展的影响与机制研究——基于固定效应与面板分位数回归模型的估计［J］．当代经济管理，2019（9）：55-59．

［199］张永恒，郝寿义．从区位论的演化看区域的本质［J］．区域经济评论，2016（4）：110-114．

［200］张占斌．中国经济新常态下增长动力的转换［J］．前线，2015（4）：28-30．

［201］赵昌文，朱鸿鸣．如何建立一个创新导向型的经济结构？［J］．财经问题研究，2017（3）：5-12．

［202］赵东明，白雪秋．城乡协调发展的理论基础及启示［J］．经济纵横，2015（4）：79-82．

［203］赵旭杰，郭庆旺．产业结构变动与经济周期波动——基于劳动力市场视角的分析与检验［J］．管理世界，2018（3）：51-67．

[204] 郑新立. 改革推动结构转换和经济发展 [J]. 全球化, 2018 (12): 25-31.

[205] 钟茂初. 绿色发展理念融入区域协调发展战略的对策思考 [J]. 区域经济评论, 2018 (5): 84-88.

[206] 周景彤, 梁婧. 推进供给侧改革要避免四种倾向 [J]. 经济研究参考, 2017 (12): 8-9.

[207] 周茂, 陆毅, 李雨浓. 地区产业升级与劳动收入份额: 基于合成工具变量的估计 [J]. 经济研究, 2018 (11): 134-149.

[208] 周云波, 田柳, 陈岑. 经济发展中的技术创新、技术溢出与行业收入差距演变——对 U 型假说的理论解释与实证检验 [J]. 管理世界, 2017 (11): 42-56.

[209] 朱奎, 王丽娟. 后危机时代: 新自由主义的走向 [J]. 马克思主义研究, 2012 (4): 54-59.

[210] 邹昊. 产业结构变迁与潜在经济增长率研究 [J]. 信息系统工程, 2019 (2): 141-143.

[211] 邹璇, 王盼. 产业结构调整与能源消费结构优化 [J]. 软科学, 2019 (5): 11-16.

[212] 左玲玲, 陈建平. 环境规制对我国区域经济增长的差异影响研究 [J]. 生态经济, 2019 (3): 150-155.

[213] AGHION P, HOWITT P. A Model of Growth Through Creative Destruction [J]. Econometrica, 1992, 60 (2): 323-351.

[214] ALEXEEV M, CONRAD R. The Elusive Curse of Oil [J]. Review of Economics & Statistics, 2009, 91 (3): 586-598.

[215] ARELLANO M, BOND S. Some Tests of Specification for Panel Data Monte Carlo Evidence and an Application to Employment Equations [J]. Review of Economic Studies, 1991, 58 (2): 277-297.

[216] AREZKI R, BRUCKNER M. Oil Rents, Corruption, and State Stability: Evidence from Panel Data Regressions [J]. European Economic

Review, 2011, 55 (7): 955-963.

[217] AUTY R M. Natural Resources, Capital Accumulation and the Resource Curse. Ecological Economics [J]. 2007, 61 (4): 627-634.

[218] AUTY R M. Sustaining Development in Mineral Economies: the Resource Curse Thesis [M]. Routledge, London, 1993.

[219] BADEEB R A, LEAN H H, SMYTH R. Oil Curse and Finance-growth Nexus in Malaysia: the Role of Investment [J]. Energy Economics, 2016, 57: 154-165.

[220] BADEEB R A, LEAN H H, CLARK J. The Evolution of the Natural Resource Curse Thesis: a Critical Literature Survey [J]. Resources Policy, 2017, 51: 123-134.

[221] BLUNDELL R, BOND S. Initial Conditions and Moment Restrictions in Dynamic Panel Data Models [J]. Journal of Econometrics, 1998, 87 (1): 115-143.

[222] BRUNNSCHWEILER C N, BULTE E H. The Resource Curse Revisited and Revised: a Tale of Paradoxes and Red Herrings [J]. Journal of Environmental Economics and Management, 2008, 55 (3): 248-264.

[223] BRUNNSCHWEILER C N. Cursing the Blessings? Natural Resource Abundance, Institutions, and Economic Growth [J]. World Development, 2008, 36 (3): 399-419.

[224] CAMERON A C, TRIVEDI P K. Microeconometrics with Stata [M]. College Station, TX: Stata Corp LP, 2009.

[225] CAVES D W, CHRISTENSEN L R, DIEWERT W E. Multilateral Comparisons of Output, Input, and Productivity Using Superlative Index Numbers [J]. The Economic Journal, 1982, 92 (365): 73-86.

[226] EASTERLY W, LOAYZA N, MONTIEL P J, et al. Has Latin America's Post-reform Growth Been Disappointing? [J]. Journal of International Economics, 1997, 43 (3): 287-311.

[227] EASTERLY W. The Elusive Quest for Growth: Economists' Adventures and Misadventures in the Tropics [M]. Cambridge, MA and London: The MIT Press, 2001.

[228] EREGHA P B, MESAGAN E P. Oil Resource Abundance, Institutions and Growth: Evidence from Oil Producing African Countries [J]. Journal of Policy Modeling, 2016, 38 (3): 603 – 619.

[229] FÄRE R, GROSSKOPF S, NORRIS M, et al. Productivity Growth, Technical Progress, and Efficiency Change in Industrialized Countries [J]. The American Economic Review, 1994: 66 – 83.

[230] FRANKEL J A. The Natural Resource Curse: A Survey [Z]. NBER Working Papers No. 15836, 2010.

[231] GERELMAA L, AKOTANI K. Further Investigation of Natural Resources and Economic Growth: Do Natural Resources Depress Economic Growth? [J]. Resources Policy, 2016, 50: 312 – 321.

[232] HAVRANEK T, HORVATH R, ZEYNALOV A, et al. Natural Resources and Economic Growth: A Meta-Analysis [J]. World Development, 2016: 134 – 151.

[233] HIRSCHMAN A O. The Strategy of Economic Development [M]. New Haven: Yale University Press, 1958.

[234] HODLER R. The Curse of Natural Resources in Fractionalized Countries [J]. European Economic Review, 2006, 50 (6): 1367 – 1386.

[235] JAMES A. The Resource Curse: a Statistical Mirage? [J]. Journal of Development Economics, 2015, 114: 55 – 63.

[236] JI K, MAGNUS J R, WANG W, et al. Natural Resources, Institutional Quality, and Economic Growth in China [J]. Environmental and Resource Economics, 2014, 57 (3): 323 – 343.

[237] KUZNETS S S. Modern Economic Growth: Rate, Structure, and Spread [J]. Economica, 1970, 37 (145): 475 – 476.

[238] KUZNETS S S. Population and Economic Growth [J]. Proceedings of the American Philosophical Society, 1967, 111 (3): 170 –193.

[239] KUZNETS S S. Problems in Comparing Recent Growth Rates for Developed and Less Developed Countries [J]. Economic Development and Cultural Change, 1972, 20 (2): 185 –209.

[240] KUZNETS S S. Quantitative Aspects of the Economic Growth of Nations: II. Industrial Distribution of National Product and Labor Force [J]. Economic Development and Cultural Change, 1957, 5 (S4): 1 –111.

[241] LAW S H, MORADBEIGI M. Financial Development and Oil Resource Abundance-growth Relations: Evidence from panel data [J]. Environmental Science and Pollution Research, 2017, 24 (28): 22458 –22475.

[242] LEWIS W. Economic Development with Unlimited Supplies of Labour [J]. Manchester School, 1954, 22: 139 –191.

[243] MYRDAL K G. Economic Theory and Under-developed Regions [M]. London: Gerald Duckworth, 1957.

[244] NORDHAUS W D. Alternative Methods for Measuring Productivity Growth [J]. Cowles Foundation Discussion Papers, 2001, 5 (1): 181 –202.

[245] NORTH, DOUGLASS C. Institutions, Institutional Change and Economic Performance: Institutions [J]. Journal of Economic Behavior & Organization, 1990, 18 (1): 142 –144.

[246] NURKSE R. Problems of Capital Formation in Underdeveloped Countries [M]. New York: Oxford University Press, 1953.

[247] PERROUX F. Economic Space: Theory and Applications [J]. Quarterly Journal of Economics, 1950, 64 (1): 89 –104.

[248] ROSENSTEIN-RODAN P N. Problems of Industrialisation of Eastern and South-Eastern Europe [J]. Economic Journal, 1943, 53: 202 –211.

后　记

当前西部地区的结构性失衡问题需要引起高度关注，突出表现在经济结构不合理、内生增长动力不足的问题依然存在，抵御经济异常波动、防范系统性经济风险的能力仍然不强，基础设施薄弱、生态环境脆弱的瓶颈制约仍然突出，保障改善民生的任务仍然繁重，促进城乡区域协调发展的任务仍然艰巨。因此，西部地区必须贯彻新发展理念、顺应新形势、应对新挑战、把握新机遇、拓展新空间，努力实现更高质量、更有效率、更加公平、更可持续的发展。在此背景下，我们撰写了《新常态下我国经济结构转型升级的战略选择：西部地区典型案例研究》一书，由经济科学出版社出版，呈现给关心关注西部地区经济社会发展的社会各界。

本书由张学刚教授进行学术指导并撰写核心章节，郭启光副教授和王薇副研究员承担部分章节写作任务。在研究过程中，我们参考了学术界已有的研究成果，并尽量将相关内容以参考文献的形式予以标注，同时，在此向相关学术研究人员表示崇高的敬意和感谢。

本书在撰写过程中得到了内蒙古党校（行政学院）校领导、科研处和学术委员会的大力支持和帮助。本书的出版得到了内蒙古党校（行政学院）学术文库的资助。在出版过程中，经济科学出版社责任编辑凌健老师付出了大量的心血，对她认真、细致的工作在此一并表示衷心的感谢。

由于水平有限，不足之处敬请广大读者批评指正。

张学刚　郭启光　王　薇

2021 年 1 月